人力资本对企业价值的影响

及机理研究

张　燕◎著

中国财经出版传媒集团

经济科学出版社

Economic Science Press

图书在版编目（CIP）数据

人力资本对企业价值的影响及机理研究/张燕著
. -- 北京：经济科学出版社，2021. 11
ISBN 978 - 7 - 5218 - 3144 - 3

Ⅰ.①人…　Ⅱ.①张…　Ⅲ.①人力资本 - 影响 - 企业
管理 - 研究　Ⅳ.①F276.6

中国版本图书馆 CIP 数据核字（2021）第 249242 号

责任编辑：刘战兵
责任校对：蒋子明
责任印制：范　艳

人力资本对企业价值的影响及机理研究
张　燕　著
经济科学出版社出版、发行　新华书店经销
社址：北京市海淀区阜成路甲 28 号　邮编：100142
总编部电话：010 - 88191217　发行部电话：010 - 88191522
网址：www. esp. com. cn
电子邮箱：esp@ esp. com. cn
天猫网店：经济科学出版社旗舰店
网址：http://jjkxcbs. tmall. com
北京密兴印刷有限公司印装
710×1000　16 开　11.75 印张　200000 字
2022 年 6 月第 1 版　2022 年 6 月第 1 次印刷
ISBN 978 - 7 - 5218 - 3144 - 3　定价：50.00 元
（图书出现印装问题，本社负责调换。电话：010 - 88191510）
（版权所有　侵权必究　打击盗版　举报热线：010 - 88191661
QQ：2242791300　营销中心电话：010 - 88191537
电子邮箱：dbts@ esp. com. cn）

前　　言

构成国家强大因素的是人……人本身是自己财富的第一个创造性因素。

——魁奈

在波澜壮阔的改革开放进程中，充沛且廉价的劳动要素在中国经济起飞和高速增长的过程中扮演了重要角色，可以说中国正是凭借劳动力优势才取得举世瞩目的成就。我们在庆幸劳动力比较优势为经济发展做出的伟大贡献时，更要面对现实，即当前中国经济发展步入"新常态"，"新常态"下中国经济面临的挑战之一是渐远的人口红利，因此提高劳动力质量（即提升人力资本）、充分发挥人力资本创造价值功能是促进经济增长的迫切需求。为此国家从战略高度和地方政府从政策角度对提升人力资本给予大力支持，诸如：党的十九大报告提出"人才是实现民族振兴、赢得国际竞争主动的战略资源"，"聚天下英才而用之，加快建设人才强国"；2019年政府工作报告强调，"发挥我国人力人才资源丰富、国内市场巨大等综合优势……促进新旧动能接续转换"；2020年3月中共中央、国务院发布《关于构建更加完善的要素市场化配置体制机制的意见》中明确提出"加大人才引进力度"；不论是一线城市还是二线城市，乃至三四线城市都争相出台引人政策，如火如荼的"抢人大战"不间断上演，据统计，截至2019年，有28个地区出台了人才引进优惠政策，例如上海市出台《上海市引进人才申办上海市常住户口试行办法》、重庆市出台《重庆市引进海内外英才鸿雁计划实施办法》、西安市出台《西安市深化人才发展体制机制改革打造"一带一路"人才高地若干政策措施》等。

人力资本在建设科技强国、实现高质量发展中占据重要地位，因此探索人力资本在经济发展中的作用成为研究的重中之重。目前学术界从不同角度对人力资本进行了较丰富的研究，通过梳理已有研究发现，不论是宏观层面还是微观层面的分析都采用较为单一的视角或指标度量人力资本，探索人力资本对经济增长或企业绩效的影响，且并没有形成较为统一的结论。本书将从人力资本成本、人力资本攀比心理和人力资本结构三个角度，遵循"外部因素—内在因素—表现形式"的思路从企业账面价值和市场价值研究人力资本创造价值的能力。

基于人力资本成本视角，将企业对人力资本的投资引入生产函数中，发现企业对人力资本的投资影响企业产出。通过实证检验发现企业对人力资本的投资呈上升趋势，人力资本创造价值受成本机制和激励机制共同影响，当前主要是成本机制占据主导地位，随着人力资本成本占比的进一步上升，激励机制会发挥主导作用，即人力资本成本占比与企业绩效之间呈非线性，但目前主要表现为负关系。

基于攀比心理出发，将人力资本努力程度引入生产函数中，发现人力资本努力程度受同行业企业平均薪酬的影响，攀比心理作用下人力资本对企业产出的影响呈非线性。对企业所有员工而言，攀比心理越小越有利于人力资本发挥积极的价值创造功能，攀比心理在影响人力资本创造价值方面具有门槛效应；相比于管理层，普通员工攀比心理对人力资本创造价值的影响在非国有企业中更显著；普通员工和管理层攀比心理的异同性也会影响其人力资本价值创造能力的发挥。

基于人力资本结构视角发现人力资本结构提升有助于提高企业在价值链中的地位。通过构建人力资本结构高级化指数和相对同行业人力资本结构指数，发现人力资本结构高级化过程有助于提升企业绩效，且这种关系与企业性质无关，相对于同行业企业，人力资本结构水平越高人力资本越能够发挥积极的价值创造能力。

攀比心理视角下人力资本对股票收益的影响非常有限；由于人力资本调整成本的存在使得人力资本数量变化与股票收益负相关；人力资本结构是影响股票收益的风险因子，但不是定价因子；人力资本成本占比是影响股票收益的定价因子，加入人力资本成本占比风险因子的定价模型比三因子和五因子的定价效率更高。

本书以环环相扣的方法，从"人力资本成本—人力资本攀比心理—人力资本结构"三个角度剖析了人力资本对企业价值的影响及机理，为人力资本创造价值提供了增量贡献、丰富了人力资本经济后果领域的相关研究。探索了人力资本对资本市场的影响，从人力资本视角为资产定价领域做了增量工作。本书聚焦人力资本对企业价值的影响，得到一些具有实践意义和学术价值的结论和观点，对公司薪酬制定、人员管理、国家颁布政策等具有指导意义。

目　　录

第 1 章

绪　　论

1.1　选题背景

　　人力资本是经济增长的源泉，大多数国家中超过六成的社会财富来源于人力资本（World Bank，1997）。当前国内外学者从不同层次、不同视角进行了大量研究且取得丰富成果，通过对众多研究的回顾发现其可以归为两大类。

　　第一类是探索如何度量人力资本，也就是如何有效的度量人力资本存量、衡量人力资本结构及变化。目前学术界有关衡量人力资本的方法包括特征法、成本法、收入法、余额法以及指标法五种方法，比较常见的是前三种方法。特征法是根据劳动者的某种特征，例如教育背景、工作经历等；成本法是度量对人力资本的投资，主要是教育方面的投资；收入法指人力资本的收入水平。这三种方法并不是完全割裂的，而是相互依赖。由于度量方法的特有性或是数据限制使得余额法和指标法在当前并不多见。

　　第二类是研究人力资本的经济后果，即人力资本创造价值的能力，包括从宏观层面探索人力资本在经济增长中的地位或作用，微观层面探索人力资本对企业发展的影响。不论是宏观层面还是微观层面的研究其研究结果可归为两种：第一，从人力资本存量、人力资本结构、人力资本流动等视角出发肯定人力资本对经济增长、企业成长的正面影响，并且测算人力资本的贡献（Rauch and Trindade，2002；Gennaioli et al.，2013；黄燕萍等，2013；蒙英华等，2015；Squicciarini and Voigtländer，2015；许长青和周丽萍，2017；Ottaviano et al.，2018；罗楚亮和刘晓霞，2018；丁一兵和刘紫薇，2020）。这部分研究还进一步探索了人力资本影响经济增长和企业发展的影响机理,例如,人力资本发挥促进经济增长的作用受人力资本形成阶段(Bayraktar, 2016)、经济发展阶段(于凌云, 2008)、文化差距(丁一兵和刘紫薇, 2020)等的影响;人力资本通过促进产业升级、提升创新以及提高生产率而促进经济增长或是企业发展(张国强等, 2011; Peri, 2012)。第二,对人力资本促进经济增长的积极作用持怀疑或否定态度(Murphy et al. , 1991; 李勋来等, 2005; De la Fuent and Domenech, 2006; Paserman, 2013; 刘伟等, 2014; Murata, 2017)。例如,由于人力资本的流动性使得人力资本分布呈现"马太效应"从而使经济差距不断增大(陆铭等, 2005; 张车伟, 2006),在此基础上从人力资本错配视角出发证明其制约经济增长(McCall, 1990; 李晓敏和卢现祥, 2010; 王丽霞和李静, 2017; 李静等, 2017; 陈言和李欣泽, 2018);学习能力影响人力资本形成速度,因此发展中国家要实现赶上发达国家的目标必须有非常快速的学习能力(Zhang, 2015),否则无法实现追赶发达国家的目标。

探索人力资本对经济增长或企业价值的研究中不能忽视人力资本投资相关方面的研究,因为人或劳动者成为人力资本是无法直接实现的,需要国家、企业和个人持续投资,才能够形成、维持和不断提升人力资本。对人的投资是提升人力资本的主要途径,通过对人力资本投资能够促使其创造更高的价值,因此国家已明确提出从"渴求人才"转化为"投资于人"。2019 年国家通过财政途径对教育方面的投入达到 40049 亿元,这是自 2012 年以来连续 8 年稳占 4% 以上[①],可以发现国家通过对教育的大力投资为提升人力资本奠定了坚实基础。已有研究从国家和个人角度论证人力资本投资对经济增长的影响,发现两者之间的关系比较复杂(郭继强, 2005; Edmonds et al. , 2007; 课题组, 2020),相比于国家和个人对人力资本的投资,企业对人力资本的投资更多是为了维持现有人力资本不变或者吸引人才从而提升人力资本结构水平,企业对人力资本的投资常见的方式是工资、福利待遇以及培训。但是当前探索企业对人力资本投资的研究相对薄弱,更多是从将企业对人力资本的投资归类到劳动成本变化的范畴,例如从劳动成本上升视角探索其对制造业、出口企业、企业创新的影响等,基于劳动保护法或是最低工资探索外部因素导致劳动成本变化后对企业发展、产业转型等的影响。实际上劳动成本具有三重属性:从企业角度,其代表成本,即企业对劳动者的投资;从劳动者角度,其代表收入水

---

① 根据国家统计局公布的 2012～2019 年相关统计数据计算。

平；从社会角度，其能够反映社会收入分配问题。内涵如此宽泛的度量指标单纯从成本角度探索其影响是存在不足的。因此构建人力资本成本占比度量指标，一方面从企业对人力资本投资视角探索在激励机制和成本机制双重影响下人力资本对企业的影响；另一方面由于人力资本调整成本、人力资本成本的黏性（Banker et al.，2013；刘媛媛和刘斌，2014）使得人力资本成本相对产出变化速度不一致，这种不一致影响企业经营风险，例如默茨和亚希夫（Merz and Yashiv，2007）、贝罗等（Belo et al.，2014）从理论角度证明在有摩擦的劳动市场中劳动力调整成本的存在使得企业员工变化影响股票收益，因此本书基于人力资本调整成本、人力资本成本黏性的视角探索人力资本对股票收益的影响。

探索人力资本对企业价值的影响中不能忽视人的心理特征，因为人力资本依附于人，其不可避免受人性的影响。根据心理学可知人性中最普遍的一种心理为攀比心理，即人们通过与他人的对比来确定自我价值。由于工资对人力资本而言属于收入，既能够反映人力资本创造价值被社会、企业认可的方面，也关乎其生活水平，因此对工资的比较必不可少。特别在中国儒家思想潜移默化的影响使"不患寡而患不均""以和为贵"的思想深入人心，人们在关注自身收入的同时更在乎与他人收入的差距。目前对工资比较的研究包括企业内部薪酬对比和企业间薪酬对比两类，主要理论依据是锦标赛理论和社会比较理论。锦标赛理论基于效率角度主张扩大薪酬差，认为薪酬差越大越有利于激励员工努力。社会比较理论基于公平角度主张缩小薪酬差距有利于促进员工团结合作从而有助于企业发展。当前学术界对内部薪酬差比较的研究相对比较丰富，有关企业间薪酬对比（外部薪酬对比）的研究集中在管理层或高管层面，事实上比较强调可比性，即比较对象的相似性，只有职位和能力相当的人之间的对比才能界定是否公平或合理，因此基于攀比心理探索这种心理对不同人力资本群体创造价值的影响，即攀比心理在企业管理层和普通员工创造价值中有怎样的异同点，是否改变人力资本对企业价值的影响。

企业通过支付薪酬给劳动者，一方面是为了公司人力资本不流失，另一方面是为了吸引优质的人才加入，在这个过程中企业人力资本结构必然会发生变化，正如国家通过加大教育投资，整个社会的人力资本结构在不断发生变化，大学生毕业人数从 2000 年的 94.98 万上升到 2019 年的 834 万，20 年间增长了 7.8 倍。现有关人力资本结构的研究中通过基尼系数、占比、方差、人力资本结构变化等方法探索其在经济发展中的作用（Park，

2006；Driskill et al. , 2009；刘智勇等, 2018)。在人力资本结构现有研究基础上构建人力资本结构高级化指数和相对同行业人力资本结构指数, 探索人力资本结构演化过程对企业绩效的影响, 并进一步从人力资本结构变化视角探索其对股票收益的影响。

综上所述, 现有人力资本对企业价值的研究并没有形成统一结论, 与研究中度量人力资本的方法或是分析问题的立足点等有很大关系。将基于三个不同视角度量人力资本并探索人力资本对企业价值的影响, 基于外部环境、内部因素、创新、生产率等途径理清影响机理, 并在此基础上提出政策建议, 这有助于揭开人力资本创造价值的"黑箱", 进而释放企业活力, 扎实推动高质量发展。

1.2 研究目的与意义

1.2.1 研究目的

本书围绕"外部因素（企业对人力资本的投资)—内在因素（人力资本攀比心理)—表现形式（人力资本结构变化)"逐步探析人力资本在企业中的作用。从企业对人力资本投资的视角探索在激励机制和成本机制综合作用下人力资本对企业绩效的影响, 进一步基于风险传播链条探索人力资本对股票收益的影响；在考虑管理层和普通员工异质性基础上探析攀比心理作用下人力资本对企业绩效的影响, 进一步基于信息传播渠道和调整成本链条探索人力资本数量变化对股票收益的影响；从人力资本结构演化过程剖析人力资本对企业账面价值的影响, 基于信息传递渠道探索人力资本结构变化对股票收益的影响。综合这三方面识别人力资本对企业价值的影响及机理, 以期探寻提升企业价值的建议和对策。

1.2.2 研究意义

1. 理论意义

本书的理论意义主要有两方面。（1）丰富了资本资产定价理论。基于企业对人力资本投资视角通过理论分析发现人力资本与企业风险相关，进而从实证角度构建了包含人力资本的定价模型，相对于三因子或五因子模型，该模型能够更精确地预测股票收益、提高定价效率。可以说，本书从微观层面将人力资本引入资产定价领域，进一步完善了资产定价相关理论。(2) 完善了公司治理相关理论。关于人力资本创造价值的功能一直存在争议，通过三个视角分析其对企业价值的影响，发现人力资本给企业带来收益的同时，也由于成本的增加和变化引发相应的风险和负面影响，心理因素的影响使得不同群体人力资本在创造价值方面存在差异性，人力资本结构演化有助于提升其创造价值的能力，在此基础上提出相应的对策建议，这不同于以往从单一角度将人力资本创造价值归为积极或消极的结论，揭示了人力资本的多样性，完善了公司治理相关知识。

2. 现实意义

本书的现实意义主要体现在三方面。(1) 丰富了投资策略。逐利是资本市场投资者的最终目标，如何提高股票收益预测能力对实现投资者盈利至关重要。从人力资本数量变化、人力资本结构变化和人力资本成本占比三个方面剖析了人力资本预测股票收益的能力，发现人力资本数量变化可负向预测股票收益，人力资本结构变化可正向预测股票收益，人力资本成本占比可正向预测股票收益，进一步从实证角度构建包含人力资本（成本）的定价模型，其对股票收益具有较好的预测能力。根据风险与收益正相关的原则，本书的发现为投资者投资决策提供了备选思路或方案。(2) 为公司治理方面提供新思路。企业在薪酬制定中不但要因人制宜，且要因地制宜、因值制宜，实施差异薪酬策略时还要预防"居安不思危"现象的发生，及时披露企业薪酬制定相关信息，避免攀比心理影响人力资本积极作用的发挥。单纯依靠高薪吸引人力资本并不是最优方案，员工离职是普通员工影响企业绩效的途径之一，因此企业在员工培训中要注重增进员工对企业的感情、提高员工对企业的忠诚度，建议在企业中开展相应的心理培训或咨询工作，使员工对自我有更清晰、理性的认知。企业要构建创新与人才相互促进、相互依赖的良性协同机制，实现人力资本提升创新以及提高企业产出的能力。本书的研究结论有助于为企业薪酬制定、员工管理、创新战略等方面提供较好的思路，助力提升企业治理能力。(3) 为政府颁布政策提供相关建议。政府颁布劳动保障相关政策时，不仅要考虑劳动者的利益，也需考虑政策可能对企业以及资本市场产生的影响，争取在维护劳动者权益和促进企业发展中寻求相对平衡，在出台收入分配改革相关政策时，既要考虑分配对象的差异，也要兼顾行业、区域差异性。地方政府在积极引进人才的同时，要综合考虑地方财政实力、产业现状以及经济发展阶段等现实条件。

1.3　相关概念的界定

1.3.1　人力资本

人力资本的思想最早可以追溯到古典经济学时代，例如亚当·斯密在《国富论》中指出个人通过学习掌握的技能是资产构成的一部分，但直到20世纪60年代才形成比较完整、清晰的理论框架，这得益于舒尔茨（Schultz，1960，1961）和贝克（Becker，1962）做出的突出贡献，自此后学术界和实物界对人力资本进行了大量研究。其中舒尔茨（Schultz，1960，1961）界定了人力资本概念，他强调人力资本是指那些凝集了知识和工作技能的人，能够经正规教育、培训、劳动力流动等途径提升人力资本水平；贝克（Becker，1962）主要从微观视角探索人力资本，他同样强调知识和技能对劳动者成为人力资本的重要性，即人力资本为企业员工具有的能够促进生产的技能和知识，他强调人力资本可以通过投入—产出的方式积累，投入的途径包括教育、培训等途径，他的突出贡献是提出了基于教育年限测量人力资本存量的方法。明瑟（Mincer，1958）进一步将人力资本与个人收入联系起来，其核心思想为个人基于收入最大化原则进行人力资本投资，人力资本投资越大其相应的收入水平越高，例如现实中大概率下教育水平与收入之间是正相关的。卢卡斯（Lucas，1988）和罗默（Romer，1990）作为领军人物在20世纪80年代后在新经济增长理论中进一步奠定了人力资本的重要性。

学术界和实务界对人力资本的定义、内涵有着比较丰富的研究。例如，阿尔钦和德姆塞茨（Alchian and Demsetz，1972）指出，企业本质上就是人力资本的一个团体，每个员工都有为企业创造价值的能力，因此企业的人力资本应是所有员工的经验、技能、创新能力以及企业的文化、规章制度的综合；巴罗和李（Barro and Lee，1993）在对116个经济体1965～

1985 年经济增长的考察中发现，基于教育程度衡量的人力资本水平是影响一国经济增长的主要因素。人力资本的形成主要通过教育、培训以及干中学等途径。通过回顾已有研究可知人力资本包括以下基本特征：人力资本主要指劳动者或人身上凝集的工作技能、知识水平和健康素质，根植于人，离不开人，人力资本形成的基础是人力资源，通过对人力资源投资能够形成人力资本；人力资本可以通过多种渠道的投资形成，主要包括先天优势形成的人力资本和后天培养形成的人力资本，例如个人智力和身体素质具有先天的差异性，通过教育、培训以及人才流动等后天努力形成人力资本的差异性，且后天培养对形成人力资本的持续性非常重要，可以说人力资本是先天和后天的载体，即人力资本是通过投资形成的一种相对于物质资本的资本；人力资本根植于社会中且具有传播性，对人力资本投资的获益不局限于个人，且能够惠及个人所处的社会，人力资本与社会经济增长是相互促进的关系，人力资本服务于经济增长，且受益于经济增长。

根据研究对象，人力资本可以从个人角度和企业角度分析，其中企业角度的人力资本是企业中所有员工或者某部分具有代表性的重要员工的人力资本总和（朱焱和张孟昌，2013），本书主要基于企业视角剖析人力资本。借鉴已有研究，本书对人力资本的界定为：人力资本主要指凝集在个人或劳动者自身的知识水平、技术能力和健康素质的综合体现，具体表现为拥有的经验、拥有的知识、形成的价值观、处理问题的态度、社会交往能力、收集信息的能力、处理信息的能力、沟通能力以及行动执行能力等。人力资本可通过教育、培训、流动等途径培养，人力资本水平影响个人收入。人力资本可以通过教育背景、拥有的执业证书、工作经验、职业评价和心理测评、工作技能、收入等度量。由于本书的研究样本为上市公司，上市公司中员工都受过教育且受教育程度普遍较高，这些员工蕴含了技能、素质等能力，因此上市公司的员工都符合人力资本的定义，正如艾德维森和马龙（Edvisson and Malone，1999）采用员工人数、员工平均工资作为人力资本替代变量，本书中人力资本涉及上市公司所有员工，按对象分为管理层人力资本和普通员工人力资本。

1.3.2 人力资本度量方法

人力资本的重要性毋庸置疑，但是由于数据搜集的困难使得如何度量人力资本成为学术界的难点之一，当前人力资本的度量方法主要有五类。

1. 特征法

特征法主要基于个人的某种特征度量人力资本，例如个人受教育程度。其中特罗（Trow，1973）基于教育背景提出普及型的教育理念，后续有研究在以教育程度衡量人力资本方面做出较大改进，其包含了工作经验，指出除了正规教育，非正规教育如在职培训和工作经验等对人力资本的形成也非常重要；马丁等（Martin et al.，2013）基于对已有文献的定量分析，也证明教育和培训与人力资本的形成、创业成果的形成有显著的相关性。由于受教育水平数据的易得性，因此基于教育背景估算人力资本成为目前最广泛的方法。因为衡量受教育程度的指标比较多，因此又形成了不同的测算方法，如基于入学率（Barro and Leo，1993）、成人识字率（蔡昉和都阳，2000）、受教育时间和工作经验（王金营，2001；胡鞍钢，2002；张晓雪等，2004；周德禄，2005；胡永远，2005）等衡量人力资本。

2. 成本法

成本法的核心理念是个人收入能够反映其曾经的资本投资，即个人在之前为增加竞争力所付出的费用、时间等能够作为衡量人力资本的依据，也就是说可以通过计算个人为提高竞争力所付出的时间和金钱核算人力资本，该方法的优点是其覆盖了人力资本形成过程的方方面面，因此其计算对数据的要求非常高，这也正是该方法的缺点。其中代表性的做法是将养育孩子所付出的成本归为有形的成本，将正规教育、其他培训、医疗和劳动者流动等方面的费用归为无形的成本，其出资者不仅包括个人，也涉及企业和政府层面（Kendrick，1976）。具体到中国，采用该方法，统计数据需要倒推到90年前（《中国人力资本报告2019》），如此巨大的数据量目前是无法实现的，在实际操作中比较困难（孟望生和张扬，2018）。再加之在折旧率的处理、健康支出划分方面的难点使得该方法目前在中国并不常用。根据检索到的文献，当前国内采用该方法衡量人力资本的是将人力资本投资粗略地划分为教育支出、培训费用、健康卫生费用、科研和流动方面的费用（焦斌龙，2010；钱雪亚，2012）。

3. 收入法

收入法是由明瑟（Mincer，1958）提出的，其通过多方面的研究发现个人的人力资本投资和收入成正比，即当一个人比较重视人力资本投资时，其相应的收入也比较高。现实中，个人基于收入最大化原则决定自己对人力资本的投资，从而进一步影响其收入，即收入差距主要影响因素是自我能力的差异，自我能力主要由人力资本投资决定，所以说，人力资本水平高低影响个人收入，例如，现实中大学生的收入水平普遍高于高中生的收入水平。基于该思想，个人收入能够反映人力资本，即收入能够作为人力资本的替代变量。

当前在国际上使用比较广泛的是基于收入流现值的终生收入法（Jorgenson and Fraumeni，1989，1992a，1992b），诸如美国、挪威和加拿大等国家都采用其建立人力资本账户。在中国该方法也得到应用，中央财经大学李海峥教授带领的团队借鉴该方法将人的生命周期按五个阶段划分，核算了中国的总体人力资本、人均人力资本，微观层面也是通过个人收入估算人力资本。

4. 余额法

余额法主要是世界银行在核算各国人力资本水平时采用的方法，目前并没有广泛使用。每个国家的总财富都可以归为三类资本，其中，基于资源租金的现值计算自然资本，主要指国家不可再生资源，例如森林、耕地等；基于永续盘存法计算生产性资本，主要是实物资产，例如建筑物、各类设备等；总财富中扣除上述两种资本剩余的是无形资本，涉及社会资本、外国净金融资产回报、国家基础设施、人力资本等。进一步，世行通过生产函数对这四部分进行了估算，发现人力资本的回报率最高。

5. 指标法

利用该方法计算人力资本是由里斯本理事会提出，但并没有公布其详细的计算方法，因此目前并没有推广使用。基于该方法的欧洲人力资本指数的计算涉及人力资本禀赋、就业和人口、利用率、生产率。其中，在教育方面的投入全部归入人力资本禀赋，包含各类教育的费用；就业和人口都是根据当前发展趋势估算；推算利用率、生产率时涉及人力资本禀赋、总人口、GDP 三个指标。

6. 人力资本度量指标

（1）人力资本成本占比。投资是人力资本形成或维持的必备条件。对个人而言通过投资教育形成或提升自我人力资本水平，对企业而言，需要对企业员工投资实现保留、稳定以及提升企业人力资本水平的目标。已有的研究都是探索投资后形成的人力资本对企业的影响，本书从企业视角，探索对人力资本的投资对人力资本发挥价值创造功能具有怎样的影响。企业对人力资本投资的过程也是其成本增加的过程，那么这种投资能否为企业带来收益是企业要衡量的问题，即从投资回报的角度探索人力资本价值创造功能。已有研究中明确工资属于企业对人力资本的投资，且采用支付给职工以及为职工支付的现金衡量（胡世明，1995；柳光强和黄雨婷，2018），进一步结合劳动收入份额的度量方法采用人力资本成本占比衡量人力资本成本。具体而言，由于本书中的人力资本涉及企业所有员工，采用该方法可以在成本效应、生产率效应以及激励效应共同作用下分析人力资本对企业价值的影响，人力资本成本占比表示为：

$$LS = (W \times L) / Y = W \left/ \frac{Y}{L} \right. = W \times \beta$$

其中，β 为企业产出与人力资本数量之比，即劳动生产率。劳动生产率和工资能够反映人力资本水平，人力资本存量或结构的提升有助于劳动生产率的提高，而人力资本结构或存量的变化本身受工资的影响，因此人力资本成本占比变化能够反映人力资本的变化。

进一步对其变形可得到：$\ln(LS) = \ln(W) - \ln(\beta)$，可以发现人力资本成本占比的变化与工资变化和劳动生产率变化有关。当工资变化的幅度大于劳动生产率变化幅度时，人力资本成本占比呈上升趋势，即成本效应大于生产率效应；当工资变化的幅度小于生产率变化幅度时，人力资本成本呈下降趋势，即成本效应小于生产率效应，所以说用人力资本成本占比衡量人力资本，可以比较分析人力资本变化中相应的成本效应和生产率效应谁占据主导地位。

（2）人力资本攀比心理与人力资本结构。人力资本的载体为人，由心理学可知人具有攀比心理，那么这种攀比心理在人力资本创造价值中发挥怎样的影响呢？基于此构建攀比心理度量指标，分析攀比心理如何影响人力资本价值创造功能。由于工资在员工收入中占 80% 以上（姚先国和曾国华，2012），因此本书主要基于工资（薪酬）构建攀比心理度量指标，通过构建攀比心理指标作为衡量人力资本发挥价值创造能力的度量指标，具体指标构建在第 4 章中详细阐述。基于教育背景构建衡量人力资本结构变化的指标见第 4 章。

1.3.3 企业价值

莫迪利安尼和米勒（Modiglian and Miller，1958）最早提出企业价值这一概念，指出通过将企业未来现金流折现从而估算企业价值，其受企业经营业绩特别是未来经营业绩的影响，与企业财务决策一脉相连，反映企业的发展潜力。实现最大价值是企业的主要目标，那么价值是怎样被创造出来的呢？生产要素是创造价值的基础，企业通过对各生产要素的管理和投资实现创造价值的目的，只有各生产要素之间实现互补性和累积性才能为实现企业价值奠定基础。

企业价值包含账面价值和市场价值，受企业名誉、发展潜力等因素影响，市场价值可能会高于账面价值。因此，度量企业价值的指标可以归为两类：一是度量企业账面价值的指标，如总资产收益率（ROA）、净资产收益率（ROE）等；二是度量市场价值的指标，如托宾 Q、股票收益率等。当前学术研究中有关企业价值的度量指标包括总资产收益率、托宾 Q、股票收益率以及净资产收益率等（Kor and Mahoney，2005；Lien and Li，2013；詹雷和王瑶瑶，2013；池国华等，2013；郑国坚等，2014；邓新明等，2014；阮素梅等，2015；李九斤等，2015；Lin and Chang，2015；何孝星等，2016；潘怡麟等，2018；沈勇建等，2020）。

但是前人在探索人力资本对企业价值影响时主要集中在企业账面价值。本书从两个层面分析人力资本对企业价值的影响：一是由于企业资产收益率越高其相应的价值表现也越高，因此用总资产收益率（ROA）度量企业账面价值（即企业绩效），相应的稳健性检验采用托宾 Q 衡量，主要分析不同视角下人力资本对企业绩效的影响及机理；二是采用股票收益率衡量企业市场价值，探索不同视角下人力资本对股票收益的影响及机理。企业价值选择这三个度量指标的主要原因有两点：一是数据的易得性和完整性；二是两者的结合能够更全面地分析人力资本的价值创造能力。

1.4　研究内容、研究思路及研究方法

1.4.1　研究内容

为了比较全面系统地探索人力资本的价值创造能力，本书通过企业对人力资本的投资、人力资本心理特征以及人力资本结构变化三个视角分析人力资本对企业价值的影响及机理。具体而言，本书主要内容如下：

一是人力资本对企业价值的影响及机理的理论分析。通过将企业对人力资本的投资引入生产函数中检验企业对人力资本的投资是否影响企业产出；将人力资本努力程度引入生产函数中探索人力资本的攀比心理如何影响人力资本创造价值的能力；基于价值链的思想分析人力资本结构变化对企业产出的影响；从人力资本调整成本、成本黏性以及企业经营风险的角度剖析人力资本对股票收益的影响；进一步通过理论分析探索人力资本对创新、人才流动和生产率的影响，为人力资本的价值创造奠定理论基础。

二是分别构建人力资本成本占比、人力资本攀比心理和人力资本结构演化指标，通过面板回归、门槛回归以及 DID 等方法检验人力资本对企业账面价值的影响，并检验这种关系是否受企业产权性质、企业所处区域、企业所处行业等的影响。

三是探索外部环境、内部激励和高管特征如何影响人力资本价值创造能力，基于创新、人才流动和生产率角度探索人力资本通过哪些途径影响企业价值。在调节效应的检验中从外部经济政策不确定性和劳动保护法视角探索外部环境对人力资本与企业价值的影响存在何种调节作用，从内部激励和高管特征视角分析人力资本对企业价值的影响受到何种影响。从创新、人才流动和生产率（劳动生产率和全要素生产率）视角探索人力资本对企业价值的影响途径具有怎样的异同点。

四是探索人力资本对股票收益的影响。基于信息传递渠道探索人力资本攀比心理、人力资本结构演化对股票收益有何影响；基于信息传递和人力资本调整成本渠道通过分组和回归相结合的方法探讨人力资本数量变化对股票收益的影响；基于风险传播渠道通过投资组合、三因子回归等方法构建包含人力资本的定价模型。

1.4.2　研究思路

聚焦研究内容，本书的研究思路如下：

首先，从人力资本相关理论、攀比心理相关理论以及资产定价相关理论出发从不同范畴分析人力资本对企业价值的影响；通过宏、微观层面对人力资本经济后果方面的文献进行系统、完整的梳理，明确研究切入点。

其次，通过理论分析，将企业对人力资本的投资和人力资本努力程度分别加入生产函数，构建包含成本的人力资本影响企业产出模型和考虑激励作用的人力资本影响企业产出的模型；基于价值链的思想对人力资本结构与企业产出之间进行数理分析；基于人力资本调整成本发现人力资本数量变化影响股票收益；基于人力资本成本黏性视角发现人力资本成本与企业风险正相关。通过理论分析详细论述了人力资本通过创新、人力资本变化以及生产率三种途径影响企业价值。

最后，通过实证方法分别探索人力资本对企业价值的影响及机理。在此基础上，根据实证结果深入探寻如何在成本和收益博弈中使人力资本发挥最大价值，并提出相应的政策建议。

本书技术路线见图1.1。

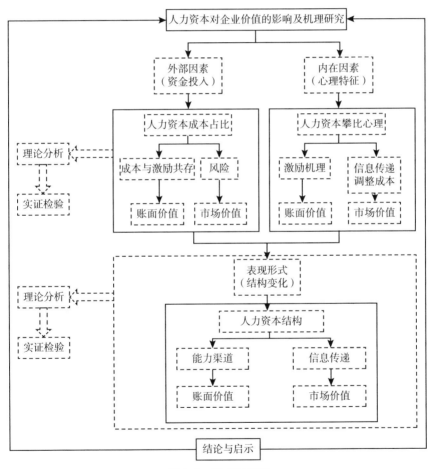

图1.1　技术路线图

1.4.3 研究方法

研究中涉及多种方法，例如文献研究法、数理分析、实证检验以及跨学科研究法等，具体如下：

第一，文献研究法与归纳推理相结合的方法。通过对国内外文献的广泛阅读了解最新研究主题，在对文献进行系统梳理的基础上，通过归纳推理的方法找到研究点，为研究奠定基础。

第二，采用数理分析的方法从人力资本成本、人力资本心理特征、人力资本结构演化、人力资本调整成本以及人力资本成本黏性视角剖析人力资本对企业价值的影响。进一步通过理论分析梳理人力资本影响企业价值的不同渠道。

第三，跨学科分析方法。将心理学思想引入管理学研究中，从心理学视角构建衡量人力资本努力程度的指标，尝试为企业人力资本管理提供新建议。

第四，实证分析方法。经由面板回归、门槛回归、双重差分法和工具变量法从不同角度探索人力资本对企业价值的影响及影响机理，并进一步借助比较分析法根据企业产权性质、企业所处区域的差异性、企业所处行业等做详细的对比分析，就人力资本对企业账面价值的影响有更深入的认识；通过 OLS 回归、分组检验、资产组合分析法探索人力资本预测股票收益的能力，借助法马和弗兰奇（Fama and French, 1993）构建因子的方法构建人力资本风险因子，通过 Fama – MacBeth 回归、GRS 检验等方法论证人力资本风险因子的定价能力。

1.5 创新之处

一是系统剖析了人力资本对企业价值的影响及机理，为人力资本创造价值提供了增量贡献，丰富了人力资本经济后果领域的相关研究。以往在探索人力资本对企业价值影响时主要聚焦在企业账面价值层面且是单一视角，本书不但关注了账面价值和市场价值两个层面，且是从多视角分析人力资本。具体而言，本书从企业对人力资本的投资、人力资本心理特征及人力资本结构变化三个视角聚焦人力资本对企业价值的影响，在账面价值研究中关注外部环境、内部激励、高管特征、创新、人才流动、生产率等影响，在市场价值研究中关注风险传播、信息传播、调整成本、成本黏性的影响。

二是探索了人力资本对资本市场的影响，拓宽了人力资本的研究视野，丰富了股票收益影响因子方面的文献。国内有关员工变化的研究几乎都集中于宏观层面，本书将员工变化（人力资本数量变化）的研究延伸到企业层面，探索了人力资本数量变化对股票收益的影响及机理；从人力资本结构变化视角发现人力资本是影响股票收益的风险因子；通过理论和实证相结合的方法证明人力资本成本占比是影响股票收益的定价因子。可以说本书基于微观层面从人力资本视角为资产定价领域做了增量工作。

三是在人力资本度量指标的构建方面进行了一定的创新。不同于以往研究中度量人力资本的单一性，本书从人力资本成本、人力资本攀比心理和人力资本结构三个角度构建了人力资本替代变量。构建人力资本成本占比度量指标，探索了成本效应、生产率效益和激励效应综合作用下人力资本对企业绩效的影响；从心理学角度探索了不同群体的人力资本在企业中发挥创造价值功能的异同点，且探索了在效率和公平综合作用下人力资本对企业价值的影响；基于教育背景，构建了人力资本结构演化指标和相对同行业人力资本结构指标，探索了企业层面人力资本结构演化过程对企业账面价值的影响。

第2章

人力资本研究梳理

在明确研究问题的基础上，本章首先围绕这些问题梳理有关理论，这些理论相互作用、相互渗透，共同组成本书研究的理论基础。然后从宏微观角度对人力资本相关研究进行回顾，通过对已有研究归纳、总结，进一步明确本书的立足点。

2.1 理论基础

2.1.1 人力资本相关理论

人力资本理论的发展至今已有 300 余年，追根溯源，最初由英国计量经济学家威廉·佩第（William Petty, 1672）在《政治算术》(*Political Arithmetic*) 中提出。他指出，在国家经济社会发展中人发挥了重要作用，国家之间经济差距的根本原因是人的差距，即人的能力的差异（人力资本的差异），提出在国家财富的衡量中应该考虑人创造的价值。舒尔茨（Schultz, 1960, 1961）、贝克（Becker, 1962）以及明瑟（Mincer, 1958, 1974）为人力资本跻身主流研究范畴做出了重要贡献，他们通过对美国、德国及日本经济发展源泉的探索，掀开了人力资本在经济发展中的神秘面纱。

诺贝尔经济学奖获得者舒尔茨在其发表的文章中通过对美国、日本以及德国等国家经济发展源泉的探索发现人力资本在各国经济发展中做出的贡献远高于物质资本，从宏观层面证明人力资本是推动经济增长的主要因素。他提出在考虑人力资本后，国家增长之谜就被破解，建议在构建投资

理论时加入人力资本。他基于美国市场的研究从实证角度证明人力资本的
重要性，即教育投资对个人劳动收入增长的贡献达到 2/3 左右，对国家经
济增长的贡献率达到 1/3 左右，其核心思想为：人力资本可以通过劳动者
的技能、工作经验和工作熟练程度等方面体现；教育、培训、其他途径的
学习、医疗保健以及劳动力流动是人力资本形成的主要途径；人力资本是
经济持续发展的动力，应该把人力资本纳入资本衡量的范畴。自此之后，
学术界对人力资本展开了研究，人力资本理论得到不断完善，从不同角
度证明人力资本在经济发展中的作用，且发现教育是积累人力资本的主
要手段。

　　贝克和明瑟属于同一体系，都认可人力资本影响劳动收入，在微观层
面从研究方法或工具方面拓展了人力资本理论。贝克提出人力资本不仅包
含能力水平、技能水平和知识水平，还涉及每个人的年龄大小、身体素质
以及个人时间。他从微观层面证明人力资本是影响劳动收入的主要原因，
在将人力资本与收入分配联合起来方面做出了重要贡献。他基于效用最大
化提出人力资本—收益均衡模型，证明教育投资影响个人未来收入、经济
增长，因此他建议国家要保持持续增长，就需要加大对教育的投资，包括
对正规教育和培训的投入。此外，人力资本还受生命周期的影响，当个人
发病率或是死亡率下降后，其对人力资本投资的预期回报率会上升，年轻
人大概率情况下预期寿命更长，因此其更注重人力资本的投资，更注重提
升自我人力资本水平。进一步，他在基于家庭样本研究中，从时间分配角
度解释了人力资本投资影响人口增长，如家庭中随着妇女受教育水平的提
升，其养育孩子的数量会下降，但是质量会上升。

　　明瑟在实证分析中发现职员培训或劳动力流动会影响劳动收入，通常
情况下，主动离职的员工其工资增长要高于被动离职的员工，年轻人离职
后的收入要高于年长的人离职后的收入，这都是因为人力资本水平的差
异。他假设所有人在整个工作期得到的收入保持一定，每个人在收入方面
的差异主要是由个人教育程度差异决定的，并提出终生收入的贴现公式：

$$V_{n-d} = a_{n-d} \int_{n-d}^{l} (e^{-rt}) dt = \frac{a_{n-d}}{r} (e^{-r(n-d)} - e^{-rl}) \qquad (2.1)$$

　　其中，l 表示生命长度，a_{n-d} 表示接受教育年限为 $n-d$ 的人的未来年
收入，V_{n-d} 表示接受教育年限为 $n-d$ 的人的所有收入的贴现值，收入贴
现率为 r。

　　此后，一批经济学家将人力资本延伸到经济增长理论中，其中卢卡斯

（Lucas，1988）和罗默（Romer，1990）在阐述人力资本对经济增长方面做出了突出贡献。卢卡斯的模型分为两时期模型和两商品模型。在两时期模型中人力资本分为专业化和一般性两种类型，主要通过教育途径培育。在两商品模型中整个经济体分为两个部门，一个部门中个人根据所拥有的物质资本和部分人力资本生产商品，另一个部门生产人力资本，即每个劳动者为提升自我能力所付出的时间和费用决定他的人力资本水平。他发现，人力资本增长越快、增值越大的部门，其部门经济增长越快、部门产出越大，整个社会中内生的人力资本是经济发展最重要的推动力。卢卡斯通过严谨的模型推导经济增长的均衡条件，证明经济发展的根源是人力资本，而人力资本积累或形成的最佳方式是教育。罗默内生经济增长模型中生产函数假设为：$Y = (H_Y A)^\alpha (LA)^\beta K^{1-\alpha-\beta} \eta^{\alpha+\beta-1}$，其中 H_Y 表示人力资本总投入，通过求最优解发现增长率 g 可表示为：

$$g = \delta H - \frac{\alpha}{(1-\alpha-\beta)(\alpha+\beta)}$$

即经济发展受人力资本影响。

具体到企业层面，很多研究也从不同角度论证了人力资本对企业发展的影响（Wernerfelt，1984；Barney，1991；杨小凯，1994；Becker and Huselid，2006；Ucbasaran et al.，2008；Subramony et al.，2008；Unger et al.，2011），其核心理念为：人力资本是一种高价值、稀缺性资源，而且其难以被模仿或替代，在企业发展中承担首当其冲的角色，具体到新型企业或创业企业，人力资本对企业发展、创业成功方面的影响更显著。

2.1.2　锦标赛理论

锦标赛理论是拉泽尔和罗森（Lazear and Rosen，1981）在风险中性偏好假设基础上设定委托人和代理人后提出的，其核心理念是：在企业经营发展中，扩大代理人层级间的薪酬差不但可以有效降低监督成本，而且有助于提高代理人的努力程度。具体来说，随着不同层级间代理人薪酬差距的增大，会激励代理人的工作热情和积极性，从而有助于代理人更努力地工作，最终有助于提升企业业绩。锦标赛理论的提出在学术界引起很大关注，随后又得到进一步发展（Ehrenberg and Bognanno，1990；Becker and Huselid，1992），并逐渐从对个人的研究扩展到对团体的研究，其宗旨是基于效率角度，主张通过拉开团体内不同等级之间的薪酬差距从而达到促进组织内部竞争的目的，即薪酬差距越大越有利于促进企业发展。此外，锦标赛理论发展至今也存在一些不足之处，例如：锦标赛理论主张通过薪酬差距刺激员工，但是过大的薪酬差会给企业带来高额成本，如果激励效果不能够弥补这部分增加的成本，那么锦标赛理论就不能够发挥应有的激励效应；锦标赛理论倡导的是正面和积极的激励，但是已有研究发现惩罚能够发挥同样的激励效应（Dickinson，2001），且一定条件下，惩罚带来的激励效应高于奖励产生的激励效应。

2.1.3　社会比较理论

在社会比较理论方面做出重要贡献的是费斯汀格（Festinger，1954）和亚当斯（Adams，1963，1965）。该理论主张人们需要通过与他人对比才能够客观准确地评价自身，人们与他人对比的过程即社会比较，其存在于我们生活的方方面面，可谓随处可见，人们通过比较改变自己的行为进而加强对社会的适应。社会比较的对象既包括与自己类似的人，也包括与自己不同的人，通过与自己相似的人比较从而确认自己与他人相类似的特征，通过与自己不同的人比较从另一个角度巩固对自我的认知，进而提高自我认知。

具体到企业层面，社会比较理论指企业员工不但关心自己的劳动收入，而且会与其他人比较，即不但与企业内部其他员工比较，而且也与其他企业的员工比较，当员工发现自己所得与标的对象相比差距较大时，会产生"被压榨"或"不公正"的思想，从而会采取减少付出、影响团体合作、懈怠、盈余管理以及离职等反激励行为。因此具体到企业薪酬设定方面，社会比较理论基于公平角度，主张要控制企业员工间薪酬差距，否则员工容易产生不悦情绪从而不利于组织的团结协作，最终会对企业产生消极影响，甚至对社会产生不良影响。

2.1.4　资产定价相关理论

经典资本资产定价理论是基于理性预期出发，假设市场上存在的是理性投资者，理性投资者根据市场信息决策投资，资产价格遵循回归基本面价值的原则，即当 t 期市场资产价格高于（或低于）基本面价值，则在 $t-1$ 期其价格会下降（或上升）。本书所探索的人力资本对资产定价影响的立足点是生产函数，即基于生产的资产定价模型，其本质属于理性预期领域的资产定价理论的衍生。因此首先回顾理性预期领域经典的资产定价理论模型，然后分析与人力资本相关的资产定价理论。

1. CAPM 资产定价模型

夏普（Sharpe，1964）、林特纳（Lintner，1965）以及莫辛（Mossin，1966）提出的 CAPM 模型奠定了现代资产定价模型的基础，其主张的收益与风险相关的理念为后续资产定价模型从单一因素模型发展到多因素模型奠定了基础。CAPM 模型虽然为后续的研究奠定了基础，但其严格的假设条件也是其不断被质疑的原因，具体而言：（1）假设投资者处于有效的证券市场，其拥有充分的信息，但是现实中找不到这样的市场；（2）假设风险规避的投资者依据预期收益率与方差进行投资，实际上存在风险偏好的投资者，且投资者投资决策的依据不能简单用收益率和方差概括；（3）假设投资者对资产收益的预期相同，实际上投资者对收益的预期是多样性的；（4）假设存在完全竞争的市场、可以卖空、能够细分资产；（5）市场交易既没有税收也不存在交易成本；（6）所有资产都可以在市场上自由交易，存在无风险资产。

CAPM 模型提炼出资产预期收益的表达式为：

$$E[R_{it}] - R_{ft} = \beta_i E[R_{mt} - R_{ft}] \tag{2.2}$$

其中，R_{mt} 为市场组合收益，R_{ft} 为无风险收益，R_{it} 为资产 i 的收益[①]，$\beta_i = \text{cov}(R_{it}, R_{mt})/Var(R_{mt})$。等式左边表示资产 i 高于无风险资产收益的收益，$E[R_{mt} - R_{ft}]$ 表示市场组合的超额收益，也就是说资产 i 的超额收益由市场组合的超额收益和资产 i 承担市场风险的 β_i 乘积决定。

该模型提出后，国内外学者对其进行的检验可谓汗牛充栋，例如布莱克（Black，1972）、法马和麦克贝思（Fama and MacBeth，1973）都发现实际无风险利率低于使用 CAPM 估计的无风险利率；罗尔（Roll，1977）认为无法检验 CAPM 模型中的有效市场组合，因此该模型也无法被检验；CAPM 模型中仅存在一种交易资产，现实市场中可交易的资产种类是多样化的，正如斯坦博（Stambaugh，1982）构建了包含多种资产的市场指数验证 CAPM 模型，结果发现资产组合的风险溢价与市场风险载荷因子 *Beta* 之间呈非线性关系；基于中国市场的研究也对 CAPM 模型也提出了质疑，

---

① 后续出现相同符号时如果未做特殊说明则与此处含义相同。

学者们发现股票预期收益率与市场系统性风险之间的关系不稳定或是非线性（陈浪南和屈文洲，2000；李和金和李湛，2000）；在 CAPM 模型的检验过程中，部分学者发现该模型无法解释市值异象（Banz，1981）、价值异象（Statman，1980；Chan et al.，1991），研究发现公司的市值比市场风险溢价对股票收益的解释力更强，公司的所有者权益账目价值、股票收益股价有很强的预测股票收益的能力（Banz，1981；Fama and French，1992；Lakonishok et al.，1994），正因为此，出现了许多包含多因子的定价模型，其中法玛和弗伦奇提出的三因子和五因子模型影响较为广泛。

2. Fama – French 资产定价模型

法玛和弗伦奇（Fama and French，1993）在前人对 CAPM 模型验证的基础上通过大量实证研究提出了三因子模型，即在 CAPM 模型基础上加入规模因子和账市比因子，通过检验发现三因子模型比 CAPM 模型对股票收益的预测能力更强（不仅体现在基于各国资本市场的检验中，且拓展到全球资本市场也成立），其构造规模因子和账市比因子的方法为后续研究构造其他因子奠定了基础。

$$R_{it} - R_{ft} = \alpha_i + \beta_{i0}(R_{mt} - R_{ft}) + \beta_{i1}SMB_t + \beta_{i2}HML_t + \varepsilon_{it}$$

其中，SMB 表示规模因子，HML 表示账市比因子。

三因子模型提出后，掀起了学术界检验其定价效率的热潮，国内外很多研究都发现三因子模型具有一定的股票收益解释能力，但是依旧存在不足之处，法玛和弗伦奇（Fama and French，2015a）进一步拓展了三因子模型，从营业利润率与投资角度将模型扩展成为五因子模型。

$$R_{it} - R_{ft} = \alpha_i + \beta_{i0}(R_{mt} - R_{ft}) + \beta_{i1}SMB_t + \beta_{i2}HML_t + \beta_{i3}RMW_t + \beta_{i4}CMA_t + \varepsilon_{it}$$

其中，RMW 表示盈利因子，CMA 表示投资因子。当前国内学者对三因子模型还是五因子模型更适合中国市场展开了激烈讨论，主要形成两派，一派主张五因子模型解释力更强（李志冰等，2017），另一派认为三因子模型在解释中国股票市场方面更具有优势（赵胜民等，2016）。

3. 包含人力资本的资产定价模型

（1）迈尔斯（Mayers，1972）假设存在不可交易的资产，主要指人力资本和社会保险，构造了包含不可交易资产的定价模型：

$$ER_i = R_f + \frac{R_t - R_f}{\sigma_t^2 + \frac{P_{nt}}{P_t}\text{cov}(R_t, R_{nt})}\left[\text{cov}(R_i, R_t) + \frac{P_{nt}}{P_t}\text{cov}(R_i, R_{nt})\right]$$

其中，P_{nt} 和 R_{nt} 表示不可交易资产的价值和收益率，P_t 和 R_t 表示可交易资产的价值和收益率，R_f 为无风险收益率。

（2）贾甘纳坦和王（Jagannathan and Wang，1996）用收入增长率衡量人力资本，提出包含人力资本的市场收益模型，发现当考虑人力资本时，能够提高 CAPM 模型的解释力。具体模型为：

$$R_{mt} = \alpha_0 + \alpha_{vw} R_t^{vw} + \alpha_{labor} R_t^{labor}$$

其中，市场收益为 R_{mt}，一般物质资本收益表示为 R_t^{vw}，人力资本收益为 R_t^{labor}。

（3）艾林（Eiling，2013）在迈尔斯（Mayers，1972）的基础上，进一步将不可交易资产分为多种不可交易资产，在均值—方差框架下，基于行业层面人力资本的异质性提出包含人力资本的定价模型，具体表示为：

$$E[r_{tr,i}] = \beta_{mkt,i}(E[r_{mkt}] - \bar{\gamma} \sum_{k=1}^{K} cov[r_{mkt}, R_{nt,K}] q_{nt,K})$$
$$+ \sum_{k=1}^{K} \beta_{nt,K,i}(\bar{\gamma} Var[R_{nt,K}] q_{nt,K})$$

其中，可交易资产有 N 种，不可交易资产有 K 种，向量 R_{nt} 表示不可交易资产的收益，

$$r_{tr} = R_{tr} - R_f, \quad \beta_{mkt,i} \equiv \frac{cov[r_{tr,i}, r_{mkt}]}{Var[r_{mkt}]}, \quad \beta_{nt,K,i} \equiv \frac{cov[r_{tr,i}, R_{nt,t}]}{Var[R_{nt,K}]}$$

说明资产 i 的超额收益是由市场风险溢价和不可交易资产（人力资本）的风险溢价共同决定。

2.2　文献综述

当前度量人力资本的方法主要有五类，相应的在探索人力资本对经济增长影响时主要也是基于不同方法测算人力资本以及探索人力资本的经济效应，但是目前这方面并没有形成统一结论。基于成本法的测算主要是探索人力资本形成过程中所花费的费用，相应的研究探索人力资本投资对经济增长的影响。基于特征法的测算主要是采用教育背景、技能积累衡量人力资本，相应的研究则从人力资本存量（整体受教育年限）、人力资本结构（受教育程度不同的人群）以及人口素质提升等方面分析人力资本对经济发展的影响。基于收入法的测算主要是采用劳动收入作为人力资本的替

代变量，相应的研究也是从劳动收入水平变化方面衡量人力资本对经济增长的作用，这方面的研究主要集中在微观层面。由于余额法和指标法计算方法的局限性，从这两方面度量人力资本经济效应的文献则很少。在有关人力资本的研究中还有一部分研究是基于人员流动视角探索人力资本的经济效应。当前在分析其经济效应或是其创造价值方面主要分为宏观和微观两个视角，本章将首先回顾宏观方面人力资本在创造价值方面的已有成果，然后再回顾微观层面已有研究。

2.2.1　宏观层面人力资本的相关研究

1. 人力资本对经济增长的影响

（1）大多数观点支持人力资本有助于促进经济发展的观点。人力资本是中国经济创造增长奇迹的重要推动力，是中国缩小与他国经济发展差距的重要潜力因素（Romer，1990；Barro and Leo，1993；Krueger，1995；Fleisher et al.，2010；林伟光，2010；Gennaioli et al.，2013；周少甫等，2013；刘伟和张立元，2020），且就中国经济发展而言人力资本对经济增长的贡献率超过10%（胡鞍钢，2003；谭永生，2007；张勇，2020）。现有研究主要基于人力资本存量的增加、人力资本结构的变化、人力资本投资的增加、人才流动等角度论证人力资本的提升有助于促进经济增长。具体而言，借鉴基尼系数构建方法，基于各地区劳动者受教育程度，就人力资本提出"均化"指标（刘海英等，2004），或是采用教育背景和健康度量的人力资本存量的增加和积累速度（杨建芳等，2006），都发现提升人力资本能够助力经济发展，但是姚先国和张海峰（2008）以教育程度衡量人力资本发现，与资本投资相比，人力资本水平的差异还不能算作区域经济差异的重要因素；宋家乐和李秀敏（2011）基于1952～2009的中国数据从人力资本水平和分布的角度证明这两者都发挥了促进经济增长的积极作用，且有助于缩小收入分配差距；基于人力资本结构变化的相关研究，一类是基于人力资本投资视角将人力资本进行结构分类，一类是基于受教育水平探索人力资本结构变化过程，两者都从人力资本结构视角论证了人力资本有助于促进经济增长（陈浩，2007；Oliver，2015；刘智勇等，2018）；不论是基于留学生衡量人力资本的流入还是基于技术移民的视角，都发现人力资本流动能够通过促进知识、信息和技术资源的传播，以及减少交易成本等途径，实现创新能力、生产效率以及出口能力的上升，从而有助于经济增长（Hunt and Loiselle，2010；Alesina et al.，2016；Bettin et al.，2019）。但是也有研究发现跨国人力资本的流动由于语言沟通、吸收能力等的限制并不一定能够提升企业生产率（Paserman，2013）。

（2）也有研究发现人力资本没有发挥促进经济增长的作用或是两者之间的关系并不显著（李勋来等，2005；De La Fuent and Domenech，2006；刘伟等，2014）。一方面由于人力资本具有流动性或人力资本学习速度会制约其在经济发展中发挥积极作用，另一方面人力资本结构失衡会造成资源浪费从而对经济发展产生不利影响（Murphy et al.，1991；Temple，1999；陈浩，2007；Ramos et al.，2012；Cádil et al.，2014；马颖等，2018）。代表性研究有：钱晓烨等（2010）基于1997~2006中国省际数据以教育程度衡量人力资本，发现虽然人力资本有助于创新，但是其对经济增长的贡献不显著；王弟海等（2016）将教育、健康度量的人力资本加入Ramsay模型中，以全球138个国家和地区为样本，发现健康和公共教育方面的支出对经济增长有正的促进作用，而生师比与经济增长之间是负显著的关系；木拉塔（Murata，2017）将教育分为私立教育和公立教育，构建了OLG模型，发现人力资本投资并没有发挥显著的促进经济增长的作用；在行业层面人才错配会造成人力资本报酬扭曲、人才的"脱实向虚"和"人才寻租"，造成社会成本的大幅增长，使产出偏离最优配置，严重损害经济增长（李世刚和尹恒，2014；赖德胜和纪雯雯，2015；Ebeke et al.，2015；李世刚等，2016；周彬和谢佳松，2018；李飚和孟大虎，2019；魏后凯和王颂吉，2019；李静和楠玉，2019），在区域层面人才错配导致经济差距不断增大，最终不利于经济增长（黄群慧等，2019）。

2. 人力资本对经济增长影响机理

（1）有研究发现人力资本通过影响创新、技术模仿能力而影响经济增长（邹薇和代谦，2003；黄燕萍等，2013；Teixeira and Queirós，2016）。代表性观点有：谢祥家（2013）以西部地区经济发展为例，发现西部地区因为教育落后导致较低的人力资本水平，阻碍了当地科技创新能力，最终制约了当地经济发展。班纳吉和罗伊（Banerjee and Roy，2014）基于1950~2010年印度生产数据的研究证明人力资本通过影响区域创新能力影响当地经济发展；杜伟等（2014）发现在东西部地区人力资本影响经济发展的路径是不同的，在东部地区体现为技术模仿渠道，而在中西部地区是技术创新途径。

（2）人力资本水平通过影响 FDI 技术溢出效应而影响经济发展。已有研究证明 FDI 能否促进引进国经济发展主要受该国人力资本水平的影响，只有当人力资本水平超过一定阈值或者说人力资本积累到一定水平时，引进 FDI 才能使技术发挥溢出功能，从而通过提高企业技术提升地区经济发展能力（Borensztein et al.，1998；沈坤荣和耿强，2001；代谦和别朝霞，2006）。

（3）人力资本投资通过影响劳动收入、减小收入差距而影响经济增长，且受经济发展阶段、行业属性、人力资本水平等因素的影响。学者们通过对不同国家不同发展阶段经济增长源泉的探索，发现通过教育方式投资人力资本，如提高教育投资、提升教育公平性等，有助于提高人力资本水平，对当地劳动收入水平能够发挥积极作用，最终有利于促进当地经济发展（Eichengreen et al.，2012；许长青和周丽萍，2017）。

人力资本对地区收入差距的影响具有二元性：一方面人力资本的提升有助于缩小区域经济差距，最终会促进经济发展（李黎明和许珂，2017；刘智勇等，2018）；另一方面也有研究发现人力资本投资不能够发挥缩小地区收入差距的作用，主要是因为人力资本的流动性使得人力资本集聚到东部沿海等大都市中，人力资本水平越高这种现象越严重，因此区域间收入差距也越大，最终不利于整个国家经济发展（陆铭等，2005；张车伟，2006；杨德才，2012；龙翠红和洪银兴，2012；高莺和田秋丽，2013）。此外，人力资本在影响收入差距方面受行业属性的影响，邱兆林（2015）发现人力资本对收入差距的影响因行业属性而存在差异，在竞争性行业中只有人力资本水平超过一定阈值时才发挥扩大收入差距的作用，在垄断性行业，恰是人力资本水平低于一定阈值时发挥扩大行业收入差距的作用。人力资本异质性使得人力资本与地区差距的关系更复杂，罗勇等（2013）基于 2001～2013 年中国省级数据从人力资本异质性角度出发研究发现，短期来看，异质性人力资本的积累有助于地区专业化的提升，但是长期来看，其不利于缩小地区差距，同质性人力资则恰好相反。

（4）人力资本通过影响全要素生产率（TFP）、劳动生产率的变化最终影响经济发展。有些学者整体上认同人力资本对 TFP 增长具有显著作用（Benhabib and Spiegel，1994；Islam，1995；Aiyar and Feyrer，2002；颜鹏飞和王兵，2004），TFP 是连接人力资本与经济发展的中间桥梁（Benhabib and Spiegel，1994；Bils and Klenow，2000；Aiyar and Feyrer，2002），

但具体在人力资本异质性方面有所不同。从人力资本异质性角度，有研究发现人力资本配置效率的提高有助于提高 TFP（纪雯雯和赖德胜，2015），人力资本错配损害 TFP（徐晔和喻家驹，2020），也有研究基于人力配置视角发现人力资本与 TFP 之间呈非线性关系（王启超等，2020）；有研究发现提升中小学教育水平更能助力 TFP 的增长（魏下海和张建武，2010），但也有研究发现高等教育（大学教育）对 TFP 的增长有促进作用，其他水平的教育（中小学教育）对 TFP 的增长则发挥不利影响，认为不能从人力资本平均视角推出人力资本对 TFP 的促进作用（华萍，2005；Vandenbussche et al.，2006；彭国华，2007），还有研究采用高等教育人数占总人数比例来度量人力资本，发现人力资本抑制 TFP 的提高（颜鹏飞和王兵，2004）；米勒和乌帕德亚（Miller and Upadhyay，2000）发现整体人力资本提高有助于 TFP 的增长，但是这种关系在低收入国家中受贸易开放度的影响；有学者基于我国省级层面数据发现人力资本对 TFP 增长的促进作用受当地以及相邻地区人力资本水平的影响，分区域来看东部地区人力资本促进经济增长的积极作用更显著，中部地区这种关系较弱，西部地区这种关系不显著（王文静和王迪，2014；王文静等，2014）。人力资本水平的提高有助于劳动生产率的提升，人力资本通过改变劳动生产率而影响经济的关系受区域、人力资本属性影响，例如高远东和花拥军（2012）发现东部地区人力资本对经济增长的贡献约为西部地区的两倍。

（5）不论是基于人力资本存量还是结构都有研究发现人力资本的变化会改变劳动者就业选择、消费水平等，进而通过影响产业结构变化、价值链升级而影响经济增长（张俊莉，2004；Young et al.，2004；Caselli and Coleman，2006），但是人力资本对产业结构的促进作用因行业性质、行业技术水平而存在差异性（王健和李佳，2013；耿晔强和白力芳，2019），受地域差异性影响，在东部区域这种关系最显著（阳立高等，2018）。

（6）人力资本与经济发展之间的关系受人力资本水平、地区经济发展水平或阶段的影响。已有研究发现收入不公平会阻碍人力资本水平的提升从而影响经济增长，如当社会中收入分配不公平比较严重时，很多穷人会降低对教育的投资，而长远来看这会阻碍社会进步和发展（Galor and Zeira，1993；Aghion et al.，1999；钞小静和沈坤荣，2014）。

人力资本与经济增长之间的关系受经济发展阶段影响的代表性研究包括：巴伊拉克塔尔（Bayraktar，2016）研究发现，在经合组织国家中人力资本与经济增长之间形成良性促进作用；郭东杰和魏熙晔（2020）通过

OLG 模型发现发展中国家步入中等收入阶段后，人力资本积累在经济增长中发挥新引擎的作用；温涛等（2014）以 2001～2011 中国西部 40 个区县为样本进行研究发现，人力资本对城乡收入差距的影响因经济发展水平不同存在差异；人力资本对经济增长的影响受区域影响，在东部地区人力资本不仅发挥促进经济增长的作用，且对经济增长的贡献大约是西部地区的 2 倍（边雅静和沈利生，2004；朱承亮等，2011；高远东和花拥军，2012）。

2.2.2　微观层面人力资本的相关研究

1. 人力资本与企业绩效

（1）基于特征法衡量人力资本探索人力资本对企业账面价值或者说企业绩效影响的相关研究主要从员工受教育程度、工作经验、技能水平等视角出发，其中基于教育背景的研究在数量上占绝对优势，主要结论是人力资本水平越高越有助于促进企业绩效的提升。鉴于成本法度量人力资本主要是基于对人力资本的投资，有关人力资本投资的度量主要以教育投资为主，而教育投资在决定人力资本水平方面影响最大，因此将基于特征法和成本法衡量人力资本价值创造方面的文献统一回顾。鉴于企业层面的研究由于研究对象的差异又有所不同，所以在文献回顾中根据研究对象再分为两类。

①基于管理层或高管或董事会视角探索人力资本对企业价值的影响，已有研究主要从年龄、教育、从业经历、成长经历等方面出发，发现企业管理层或高管或董事会人力资本能够发挥促进企业绩效的积极作用，这种关系受高管权力、管理理念、企业所处区域等的影响，主要影响机制为企业发展战略、创新投入（Taylor，1975；Abraham and John，2005；Dakhli and De – Clercq，2004；Barczak and Wilemon，2003；蒋天颖和王俊江，2009；任宇和谢杰，2012；吴玉鸣，2015；张信东和郝盼盼，2017；郝盼盼等，2018，2020）。部分研究采用教育水平、行业专业经验作为董事会人力资本替代变量，发现董事会人力资本与企业创新（研发投入或创新产出）正相关，因为受教育水平高不但提高了处理信息的能力，而且提高了其创新动力，最终有利于提升企业绩效。基于高管年龄衡量人力资本，发现年轻的高管更容易发起改革，更富有创新精神，在私营企业中企业家的

人力资本水平越高其越可能改制企业为现代企业，且对公司创新的促进作用越显著，也就是说创新是人力资本影响企业绩效的潜在途径之一（朱焱和张孟昌，2013；张维今等，2018；刘剑雄，2008）。但是也有研究对人力资本与创新之间的关系持不同意见，例如，周建等（2013）基于受教育水平和职业经历的差异性发现董事会人力资本对企业研发投入无显著影响。也有研究发现战略决策发挥中介作用，如彭正龙等（2014）基于对高技术服务企业调研发现，企业高管层人力资本通过影响市场拓展能力、新服务和新产品开发能力等战略决策最终影响企业绩效，鲁虹等（2014）发现战略决策质量是高管群体人力资本影响企业发展的渠道之一。

此外，有研究基于人力资本异质性角度发现人力资本存在负面影响。具体而言，当管理层或董事会以教育水平衡量的人力资本水平较高时，其内部异质性也会比较大，可能会增加沟通难度、影响团队合作，对企业发展造成不利影响（Knight，1999；Amason and Shrader，2006）；高管团队年龄异质性较大或任期的异质性较大时会通过影响团队合作、影响团队信任等途径阻碍企业业绩的提升，例如随着任期差异性的增大或年龄异质性的增大，部分管理者会不愿意冒风险或难以对企业战略达成一致，这都不利于高管团队整体人力资本发挥最佳积极效果（Carpenter and Fredrickson，2001；王胜海和徐经长，2010）。

②基于企业整体人力资本视角发现企业人力资本水平的提升有助于提升企业绩效（Nile and Jeffrey，2004；Bruce and Mark，2004），通过企业内部人力资本的整合有助于发挥人力资本提升企业业绩的作用，其中员工人力资本在高管人力资本影响企业绩效中发挥中介效应（Decarolis and Deeds，1999；高素英等，2011；Crook et al.，2011）。此外人力资本对企业绩效的影响受企业所处市场、企业生命周期、行业属性、人力资本异质性、员工薪酬等的影响（李嘉明和黎富兵，2004；Lin and Chen，2009；郭弘卿等2011；梁阜等，2020），如邓学芬等（2012）发现人力资本与企业绩效的关系在成长型企业中更显著。

基于人力资本结构变化视角（基尼系数、占比、方差、人力资本结构高级化）发现人力资本结构的变化对企业绩效有促进作用（Park，2006；Driskill et al.，2009）。部分研究认为人力资本通过阻碍创新对企业绩效产生不利影响，主要思想是：组织内部如果成员之间的人力资本水平相差较大，意味着成员的思想观、价值观等存在差异，这可能会使日常的沟通不畅通，并且对企业战略决策的理解和执行出现分歧，在这种环境下人力资本不能发挥促进创新、提升企业价值的积极作用，且并不是所有的人力资本都能够发挥积极作用，通常创新型人力资本更能代表积极角色（Knight et al.，1999；李平等，2007；吴淑娥等，2013；Subramaniam and Youndt，2005；杨晓明，2010；曹裕等，2016）

（2）收入法视角下人力资本对企业绩效的影响，具体到企业层面，由于劳动收入能够激励且有助于提升员工工作能力，因此有不少研究用劳动收入①作为人力资本的替代变量。劳动收入对人力资本的激励作用可以从总劳动收入增加的视角衡量，也可以从相对劳动收入变化的视角衡量，相应地，已有研究从总的劳动收入变化视角和相对劳动收入变化视角研究人力资本创造价值的功能。

①基于总的劳动收入变化探索人力资本对企业绩效的影响。一部分研究以政策背景为出发点，2008 年劳动合同法的实施为劳动者提供了不同角度的保护，使得劳动者的健康人力资本水平提升较高，相应的很多研究证明 2008 年的劳动合同法实施后通过促进企业创新助力企业发展；另一部分基于劳动收入份额或是职工薪酬视角，例如曹裕等（2016）基于职工薪酬衡量人力资本，发现在企业发展初期人力资本与企业绩效之间几乎无关系，当企业处于成熟期时两者具有显著的正相关关系，当企业处于衰退期时两者虽为正但不显著。但是目前微观层面有关劳动收入份额的研究处于起步阶段，未形成共同认知，即当前从劳动收入份额视角探索其通过人力资本渠道发挥作用的相关研究还比较少，现有的有关这方面的研究还主要集中在探索变化趋势方面：方军雄（2011b）基于 2001～2008 年上市公司发现劳动收入份额呈上升趋势，常进雄和王丹枫（2011）基于 1998～2009 年上市公司发现劳动收入份额先下降后上升，张晓磊等（2016）基于 160 个国家和地区 14 年来和中国有关进口的贸易数据发现劳动收入份额的提升会限制进口贸易的规模，文雁兵和陆雪琴（2018）基于中国工业企业数据库发现企业层面劳动收入份额呈下降趋势。也有研究关注劳动收入份额对企业价值的研究，如魏汉泽和许浩然（2016）基于企业薪酬发现劳动收入份额与企业价值负相关，但其传递渠道主要基于成本角度。

②基于相对劳动变化探索人力资本对企业绩效的影响分为两个派别。

一派基于企业内部平均劳动收入相对差视角（即内部薪酬差），当企业收入分配不均较严重时，企业中部分员工会降低提升对自我能力的投

---

① 劳动收入具有双重属性，对企业而言属于成本，对劳动者而言属于收入，能够发挥激励作用。

资，或是抑制主观能动性的积极发挥，从而制约企业人力资本水平的提升，这并不利于企业的长期发展。当前有关企业内部薪酬差研究的主要理论依据是锦标赛理论和社会比较理论。基于锦标赛理论的研究，其研究对象包括高管（或管理层）内部薪酬差、高管与普通员工薪酬差两方面，通过测算不同群体薪酬均值的相对差或绝对差衡量企业内部薪酬差，证实薪酬差距越大越有利管理层人力资本发挥积极作用，管理层通过提高企业研发支出和产出从而助力企业增长（林浚清等，2003；Kale et al.，2009；夏宁和董艳，2014；李绍龙等，2015；巩娜和刘清源，2015；胡秀群，2016；孔东民等，2017），同时这种关系会受到企业规模、产权性质、管理者职权等的影响。基于社会比较理论的研究，通过高管与普通员工薪酬的对比、CEO 与非 CEO 的薪酬对比，发现企业内部薪酬差负向影响企业绩效（Carpenter and Sanders，2004；Williams et al.，2006；鲁海帆，2007；Martins，2008；张正堂，2008；Connellye et al.，2014；Bapuji and Neville，2015；Leana and Meuris，2015；江伟等，2018），即内部薪酬公平感影响普通员工人力资本的发挥，而管理层人力资本积极作用需要通过普通员工人力资本实现，内部薪酬不公平较高会制约普通员工人力资本发挥积极作用，因此最终不利于提升企业绩效。

另一派基于企业间平均薪酬相对差，由于人力资本具有流动性，而员工流动可能会造成成本增加、资源配置效率的降低等（刘军和周邵伟，2004），进而影响人力资本创造价值的功能。但在现实中从企业层面衡量人力资本流动的相关数据很难获取，目前这方面的研究主要基于线上数据，例如领英、智联等，比如刘善仕等（2017）通过从领英上收集的数据从劳动力流动视角构建人力资本社会网络，证明人力资本与企业绩效之间存在显著正相关关系，但是这方面数据可重复或复制的概率较低。而实际上企业间薪酬的对比也会引发人员的流动，会通过影响员工心理状态等影响人力资本积极作用的发挥，因此本部分进一步回顾薪酬对比这方面的相关研究。

有关外部薪酬对比的研究可归为两类：

一种是通过与同行业薪酬均值相比。当企业与同行业薪酬对比，自己处于相对优势时会对本公司人力资本发挥积极的促进作用，当发现自己处于相对劣势时会引起本公司人力资本的流失，这不利于人力资本发挥积极作用。例如，企业在制定高管工资时会选择参考点，参考点一般为行业内其他公司或规模相当的其他公司（Bizjak et al.，2008；Faulkender and

Yang，2010）；张丽平和杨兴全（2013）采用高管薪酬总额与同行业高管薪酬均值（或中值）的相对差衡量攀比心理，这种攀比心理直接决定人力资本能发挥怎样的作用，研究发现外部薪酬差对企业业绩具有激励效应，但管理者职权抑制了这种激励效果；祁怀锦和邹燕（2014）在度量外部公平时采用了步丹璐等（2010）提出的相对分位数法，即高管薪酬均值与同行业同地区内的最高薪酬的比值，研究发现高管薪酬外部公平性（有助于促进高管人力资本发挥积极作用）显著影响企业业绩；班克等（Banker et al.，2016）基于董事会和员工的薪酬均值与同行业薪酬中位数衡量外部薪酬溢价，发现外部薪酬溢价与企业绩效正相关，但其并没有控制企业产权性质，也没有研究外部薪酬攀比影响企业绩效的影响机制。

另一种是延续科尔等（Core et al.，1999）的做法，即设定薪酬决定模型，通过回归用计算得到的残差作为薪酬外部不公平程度的代理变量，外部薪酬公平程度与人力资本发挥积极作用正相关，例如，吴联生等（2010）、黄辉（2012）、罗华伟等（2015）都是借助该方法将管理层额外薪酬分为正向额外薪酬和负向额外薪酬。但是，吴联生等（2010）发现在非国有企业中正向额外薪酬显著正向影响企业业绩，而黄辉（2012）同样基于非国有企业，但是发现相反的现象，罗华伟等（2015）发现高管薪酬外部公平性与企业绩效呈现出弱负相关性。造成这种差异的一个主要原因是人为设定薪酬决定模型，即回归中自变量选择的不一致影响对薪酬外部公平的判断，从而影响实证结果。

薪酬对比会引发人才流动，而人力资本的流动可以通过技术和知识的加快传播，助力企业改进生产技术，实现生产的专业化（Beaudry et al.，2010；Andersen and Dalgaard，2011），助力生产率和创新能力的提高，最终助力企业发展和绩效提升（Peri，2012；Ottaviano et al.，2018）。但也有研究发现人力资本流动的消极作用，帕瑟曼（Paserman，2013）研究发现由于语言沟通和吸收能力等的限制，并未发现技术移民有助于企业绩效提升。

（3）人力资本影响企业绩效的影响机理的相关研究不同于对创新、发展战略、劳动生产率等的研究，将全要素生产率作为途径分析的研究相对较少。全要素生产率（TFP）是中国经济发展的新动力，是衡量企业高质量发展的重要因素（张辉，2018；徐现祥等，2018），且宏观层面已证明人力资本可通过影响 TFP 影响经济增长，实际上 TFP 的增长最终也是为了提升企业绩效，所以可以说 TFP 是人力资本影响企业绩效的渠道。但是目前微观层面的研究大部分还集中分析人力资本对 TFP 的影响，多数观点认同人力资本有助于提升 TFP，例如，克莱因克内希特（Kleinknecht, 1998）基于劳动收入上升发现人力资本上升能够提高企业生产效率；阿西莫格鲁和芬克尔斯坦（Acemoglu and Finkelstein, 2008）基于医药行业以劳动收入衡量人力资本，研究发现，人力资本上升有助于企业全要素生产率的提高；程晨和王萌萌（2016）用 2002～2013 年上市公司的劳动成本衡量人力资本，发现人力资本上升有利于提高企业全要素生产率，且在劳动密集型企业和非国有企业中更显著，人力资本的提高促进创新从而实现"倒逼"企业转型升级；罗雨泽等（2016）以人均培训费用衡量企业人力资本，在以高新技术产业为样本的检测中发现人力资本能够促进 TFP 的提高；蒋灵多和陆毅（2017）基于 1998～2007 年中国工业企业数据以劳动收入衡量人力资本，发现人力资本的上升助力企业调整结构、提升生产率和利润率；肖文和薛天航（2019）用 2007～2016 年上市公司的劳动收入衡量人力资本，发现人力资本上升有助于提高企业全要素生产率，且对融资约束压力小的企业这种积极作用更显著；王秀婷和赵玉林（2020）以 2000～2016 年中国制造业行业为样本，通过水平和垂直两个维度衡量创新溢出，发现人力资本会通过制约行业间创新溢出效应进而影响行业全要素生产率的提升。鉴于微观层面探索全要素生产率在人力资本与企业绩效之间的中介作用的研究相对较少，本书在后续分析中对此予以分析。

2. 人力资本与股票收益

根据经典生产函数可知，劳动与资本是影响企业价值的最基本要素。延伸到资本市场，基于劳动要素视角探索其对股票收益影响的研究逐渐蓬勃发展起来，特别是最近十几年，从劳动要素不同视角探索其对股票收益的影响逐渐形成新的研究高潮。人力资本属于劳动要素的子集，当前在资本市场对人力资本的度量主要集中在收入方面，鉴于本书对人力资本度量的多样性，在此对从劳动要素其他特点出发分析其对股票收益影响的研究也进行简单回顾。

迈尔斯（Mayers, 1972）被认为是最早将人力资本引入资产定价模型的，他构造的非适销性资产定价模型中用劳动收入衡量人力资本（非交易性资产），发现资产的风险不但受该资产与交易性资产和非交易性资产协方差的影响，且与交易性资产和非交易性资产的相对规模有关，投资者可以通过调整两类资产的比例分散面临的部分风险。贾甘纳坦和王（Jagannathan and Wang, 1996) 采用劳动收入增长率作为人力资本的替代变量，发现当在衡量总财富回报率时加入人力资本回报率后，能够提高 CAPM 模型对股票收益的预测能力。巴克斯特和耶尔曼（Baxter and Jermann, 1997）基于四个 OECD 国家宏观层面的数据发现人力资本收益率与各国可交易资产收益率相关，当在投资策略中考虑人力资本后，可以通过卖空本国资产对冲人力资本风险。久保田敬一等（Keiichi et al., 1998）基于日本市场发现，对月劳动收入变化敏感的股票平均收益率更高，股票指数 BETA 只能解释股票投资组合平均横截面收益的 2%，但是股票指数 BETA 和劳动力 BETA 联合起来可以解释股票投资组合平均横截面收益的 75%，此外发现劳动力 BETA 可以消除规模效应但不能消除账市比效应。莱陶和路德维松（Lettau and Ludvigson, 2001）发现 CCAPM 模型比 CAPM 模型对股票收益的预测能力更好，且与三因子模型解释股票收益的能力相当，主要是因为 CCAPM 模型中包含了消费财富，消费财富即劳动力收入状况的表现。朱利亚德（Julliard, 2004）从消费者预算约束出发，发现劳动收入增长率是股票收益和国债利率的有力预测因子，在一年的时间内，劳动收入增长率可以预测收益率方差的 1/3 左右。桑托斯和皮耶特罗（Santos and Pietro, 2006）将投资者收入分为工资和股息两部分，发现投资者持有股票的超额收益随工资和股息的波动而波动。帕里亚等（Palia et al., 2007）构建了包含劳动力资产的风险变量，发现引入劳动力风险因素能够提高 CAPM、CCAPM 和三因子模型的定价效率。卢斯蒂格和纽沃伯格（Lustig and Nieuwerburgh, 2008）发现消费增长受市场投资组合当前和预期未来回报消息的推动，将不能归因于金融资产收益或未来劳动收入增长的消费增长创新的剩余，归因于关于人类财富的预期未来收益的部分，并且将隐含的人类财富和市场回报过程推后。无论跨期替代的弹性如何，当前和未来人类财富收益的创新与当前和未来金融资产收益的创新呈负相关。埃林（Eiling, 2013）发现行业层面的人力资本能够预测股票收益，且是解释特质波动风险溢价的有力指标。埃斯费尔特和帕尼科劳（Eisfeldt and Papanikolaou, 2013）在对组织资产的研究中发现组织资本能力集中体现为核心人才的素质，人力资本水平高的公司其平均回报率比人力资本水平低的公司高 4.6%。帕拉西奥斯（Palacios, 2015）在具有 Duffie - Epstein 偏好的随机均衡模型中分离出总的人力资本的价值，构建了包含市场、资本和人力资本的三因子模型，发现人力资本在总财富中的权重约为 93%，人力资本的风险远低于市场投资组合的风险，风险资产的收益是人力资本的函数。

　　由于劳动者的流动具有摩擦性、工资具有黏性、劳动调整具有调整成本等特点，因此有部分学者基于劳动力这些不同视角探索其对股票收益的影响。基于劳动调整成本的研究主要发现劳动调整成本的存在使得员工变化具有前瞻性，因此员工变化包含有价信息，影响股票收益，例如：博伊德等（Boyd et al.，2005）基于失业率发现失业消息包含三种与股票价值相关的信息，即未来利率、股票风险溢价、公司盈余和股利。在经济扩张时期，有关未来利率的信息占主导，在经济收缩期，有关公司股利的信息占主导。所以，在经济扩张期，失业率上升对股票市场是有利信息，在经济收缩期失业率上升对股票市场是坏消息；莫兹和亚希夫（Merz and Yashiv，2007）把劳动调整成本纳入基于生产的资产定价模型中，基于美国非金融企业数据证明劳动力影响企业价值；贝罗等（Belo et al.，2014）基于公司层面发现雇员变化率能够预测股票收益，因为劳动力调整成本的存在使得雇员变化率具有前瞻性，包含企业对未来现金流和风险调整预期的相关信息，并基于此提出包含劳动力的生产型资产定价模型。多南格罗（Donangelo，2014）发现劳动力流动性影响企业经营杠杆，劳动力流动性与经营风险正相关，因此处于劳动力流动性高的行业的公司其股票收益相对较高，劳动力流动性高的企业平均股票收益高于劳动力流动性低的企业5%。

　　基于工资黏性或是劳动收入黏性视角出发的研究其主要观点是工资或收入的黏性能够加大企业的经营杠杆，影响企业的经营风险，因此会影响股票收益。例如，阿巴伯内尔和布希（Abarbanell and Bushee，1997）研究发现，正因为存在成本黏性，因此销售成本率的增加会传递利好的消息给企业利益相关者，安德森和拉内恩（Anderson and Lanen，2007）在此基础上发现当在投资组合中利用这种信息时能够获得超额收益。当坦和唐纳森（Danthine and Donaldson，2002）基于劳动摩擦在模型中引入工资，发现工资变化方面的摩擦（工资黏性）影响经营杠杆，从而影响股票面临的经营风险。乌利希（Uhlig，2007）在DSGE模型中加入工资黏性，发现提高了模型对股票收益的解释力。古里奥（Gourio，2007）构建了一个包含劳动力工资和总生产率的模型，发现其能够更好地解释规模和价值异象。洛赫斯托尔和巴姆拉（Lochstoer and Bhamra，2009）将工资加入生产的资产定价模型中，为劳动收入波动预测资产收益提供了支持。李和帕洛米诺（Li and Palomino，2014）从理论角度证明名义工资黏性与股票收益正相关。法维路基斯和林（Favilukis and Lin，2016a）基于动态随机一般均衡模型（DSGE）探索工资黏性对股票收益率的影响，发现工资黏性具有提高公司经营杠杆、加大公司利润以及股票分红不确定性的特征，从而股票收益率与工资黏性具有正相关性。法维路基斯和林（Favilukis and Lin，2016b）采用美国各州和行业层面数据发现，从长期来看，工资黏性的存在使得工资的上涨伴随更高的产出增长率，进而能够降低企业风险溢价水平，从而使得股票收益下降。多纳格罗等（Donangelo et al.，2019）用劳动收入份额度量劳动力杠杆，发现劳动收入份额高的公司的营业利润对经济冲击更敏感，面临的经营风险更大，因此其预期股票收益更高。虽然国外有关劳动要素对资本市场影响的研究开展得如火如荼，而国内有关这方面的研究还处于相对空白状态，根据我们阅读到的文献发现仅有三篇与此相关：孔东民等（2017）研究发现，劳动投资效率与股票收益正相关，是影响股票收益的风险因子；田存志等（2018）研究发现，与工资"黏性"相比，劳动成本"黏性"对股票收益的影响更显著；王新玉（2018）基于行业层面行业收入增长率度量人力资本，发现人力资本影响股票收益，在 CAPM 模型中引入人力资本收益后其模型的适用度更高。

2.2.3　文献述评

通过文献回顾可知，不论是基于宏观层面还是微观层面，有关人力资本价值创造方面的研究可谓是汗牛充栋，已有的研究可概括为人力资本能够产生怎样的影响、人力资本通过哪些途径创造价值以及人力资本创造价值的过程中受哪些因素影响三大类。回顾这些文献不但为本书的研究奠定了良好的基础、指明了研究的出发点，也证明了探索人力资本对企业价值的影响具有重要意义。鉴于本书是基于企业微观视角，因此将有关宏观层面研究的述评融合在微观层面的分析中。

（1）现有研究或是基于特征法，或是基于收入法，或是基于成本法等，从单一视角分析人力资本的经济效应，实际上人力资本本身的复杂性及研究结论的多样性需要我们进一步考虑人力资本度量指标的多样性，因此本书从多视角度量人力资本并探索人力资本创造价值的复杂性。本书基于特征法构建了衡量人力资本结构变化的指标，从人力资本整体水平演变过程分析其对企业价值的影响，基于企业对人力资本的投资（成本法视角）构建人力资本成本占比探索激励效应、生产率效应和成本效应共同作用下人力资本的价值创造功能，进一步从攀比心理出发基于薪酬对比构建薪酬攀比（对比）指标探索攀比心理在人力资本创造价值过程中的作用。

（2）现有研究对象方面的不足为本书的研究提供新的视角。不论是基于特征法还是收入法，衡量人力资本的相关研究集中在分析高管（或管理层或企业家）或企业整体探索人力资本对企业价值的影响。实际上，企业价值的构成包含高管和员工的贡献，且管理层对企业的贡献需普通员工的桥梁作用方能实现，正如陈冬华等（2015）研究发现员工的努力影响管理层与企业绩效之间的关系。因此在探索人力资本对企业价值影响时需要将管理层和普通员工分开，分别探索这两个群体人力资本创造价值的功能，以及这两个群体的人力资本在创造价值方面有怎样的差异性。鉴于此，本书将基于管理层和普通员工双视角探索人力资本对企业价值的影响，由于涉及两个不同群体的对比，因此本书以心理学中的攀比心理为出发点，探索攀比心理在人力资本价值创造方面的作用。

具体而言，一方面攀比心理指人们感受到不公平从而产生的负面情绪，实验经济学告诉我们，大多数人在关注自身收益的同时，也会关注他人的收益，即通过比较判断收益的公平性（Gachter and Fehr，2002），这种通过比较产生的攀比心理会影响到人们的行为方式。在信息传播速度加快和透明度增加的条件下，企业员工能够获知其他公司员工的薪酬水平，能够通过对比获得公平的认知（邵建平等，2008），因此企业员工会更加注重薪酬外部公平，且已有研究发现中国人非常重视分配公平性问题（Kim and Leung，2007），中国员工在分配公平环境中会对工作感到称心如意（Pillai et al.，2001）。另一方面，中国文化继承了儒家思想，具体到企业中表现为在一定程度上人们接受等级观念，且已有研究指出比较对象需兼顾相仿性和可获得性，人们更倾向于跟自己类似的人比较（Major and Forcey，1985；Carnahan et al.，2012；Ridge et al.，2015）。企业中管理层和普通员工属于两个差异性的群体，其相似性较低，而同级别或同类型的员工之间攀比可能性非常大，而这种对比会影响人力资本的价值创造功能。因此基于中国的文化背景，从外部薪酬对比出发研究攀比心理对管理层和普通员工人力资本价值创造功能的影响更符合现实，更具有参考价值。

（3）进一步完善了影响机制。本书基于调节效应和中介效应路径，从不同角度探索人力资本价值创造受哪些因素影响或通过影响哪些途径而发挥作用。具体而言，在调节效应中既考虑外部环境，也考虑内部环境（内部激励和高管自信）；在中介效应中，分别从创新、员工变化以及生产率效应（劳动生产率和全要素生产率）角度综合分析了人力资本价值创造的过程。

（4）延伸了人力资本价值创造的链条。现有从宏观层面衡量人力资本价值创造功能的研究集中在分析对经济增长的影响，微观层面的研究集中在分析对企业绩效的影响，而对于人力资本对资本市场影响的研究非常不足。一方面，资本市场能够提高信息透明度，通过对企业员工的激励或约束推动公司治理结构的调整，有助于企业建立现代管理制度，进而助力经济增长；另一方面，资本市场是中国比较优秀的企业的集合场所，不仅是企业融资的重要途径之一，也是投资者谋取收益的主要场所，预测股票收益是广大投资者最关注的问题。因此，本书基于微观层面从人力资本视角探索其对资本市场的影响。

2.3　本章小结

本章基于不同视角对人力资本相关理论、锦标赛理论、社会比较理论以及资产定价相关理论进行了比较详细的回顾，从宏观和微观层面对人力资本创造价值的能力、创造价值的影响因素以及通过何种途径创造价值进行了梳理，通过文献梳理发掘研究的价值和出发点，当前研究在有关人力资本研究对象、人力资本创造价值的不统一性、影响机理等方面还存在进一步拓展的空间，因此从三个不同视角构建度量人力资本的变量。具体而言，从成本角度构建人力资本成本占比指标，从攀比心理出发基于不同群体构建攀比指标，从教育背景出发构建人力资本结构演化指标，探索其对企业价值的影响以及机理。

第3章

人力资本影响企业
价值的理论分析

第2章通过梳理相关理论基础和已有研究明确研究出发点，本章从理论分析角度进一步细化明确具体研究问题。

3.1 人力资本影响企业绩效

本节分别从企业对人力资本的投资、人力资本攀比心理和人力资本结构探索人力资本在企业发展中承担的角色。由于企业对人力资本的投资会影响人力资本结构，因此统一分析企业对人力资本的投资和人力资本结构变化对企业产出的影响，基于人力资本攀比心理构建人力资本影响企业绩效的模型。由于股票收益主要取决于企业基本价值或绩效，因此可以说本节也为分析人力资本影响股票收益奠定了基础。

3.1.1 成本视角

劳动要素是企业生产的必备要素，随着人口红利的消失，人力资本成为企业重要的生产要素之一，其与物质资本具有同样属性，企业为了使用人力资本，也需要对其投资，且随着人力资本在生产中重要性的日渐突出，企业在人力资本要素上投入的成本也在不断提高。企业对人力资本的投资或者说人力资本成本或具有显性或具有隐性特征，显性的成本可以通过个体估算，如工资、福利、培训等，隐性的成本很难通过个体精准估算，如招聘成本、选择成本、空职成本等。现有研究在探索人力资本对企业创新、发展等方面的影响时，很少从人力资本成本角度出发，忽视了人力资本在成本效应和激励效应共同作用下的功能，因此本节从企业对人力资本投资的角度剖析人力资本对企业的影响。

本节在探索人力资本对企业绩效的影响时主要借鉴了卢卡斯（Lucas，1988）、曼昆等（Mankiw et al.，1992）、余长林（2006）等有关人力资本的思想。假设整个经济社会中存在两个企业：一个企业负责生产商品，另一个企业负责研发，负责生产商品的企业使用的要素为劳动与资本，其中劳动要素可分为普通劳动要素和人力资本要素，负责研发的企业使用的劳动要素全部为人力资本。全社会的人力资本分配在两个企业中，其中负责生产商品的企业人力资本占比为 $1-s$，负责研发的企业人力资本占比为 s，s 是外生参数。设生产商品的企业的生产函数为：

$$Y = K^{\alpha} \left[(1-s)H \right]^{\beta} (AL)^{1-\alpha-\beta} \tag{3.1}$$

其中，Y、A、K、H、L 分别代表总产出、技术水平、物质资本、人力资本和普通劳动，α 和 β 为外生的参数，且 $0 < \alpha < 1$，$0 < \beta < 1$，$0 < \alpha + \beta < 1$。

已有研究已证明人力资本的提升有助于企业的发展，当前企业吸引人力资本的主要途径不外乎高薪酬和好福利（例如提高保险水平和范围、良好的工作环境等），统称为企业为调整人力资本所付成本。假设企业通过薪酬吸引的人力资本为 I_m，通过福利吸引的人力资本为 I_n，企业的人力资本函数设为：

$$M = \mu I_m^{\lambda} I_n^{1-\lambda}，\text{其中 } 0 < \lambda < 1 \tag{3.2}$$

假设企业的人力资本满足：

$$H = M - \kappa H = \mu I_m^{\lambda} I_n^{1-\lambda} - \kappa H \tag{3.3}$$

其中，κ 为人力资本的折旧率。

由于企业的盈利本性和资金的有限性，企业通过两种途径对人力资本的投资存在此消彼长的关系，即：

$$I_m + I_n = \tau Y \tag{3.4}$$

其中，τ 表示人力资本的投资率，即人力资本成本占产出的比例。

设企业通过两种途径对人力资本的投资或激励的人力资本投资结构为 $\varphi = \dfrac{I_m}{I_m + I_n}$，结合式（3.4），可得到：

$$I_m = \varphi \tau Y，\quad I_n = (1-\varphi) \tau Y \tag{3.5}$$

把式（3.5）中的变量代入式（3.3）可得：

$$H = \mu I_m^{\lambda} I_n^{1-\lambda} - \kappa H = \mu \varphi^{\lambda} (1-\varphi)^{1-\lambda} \tau Y - \kappa H \tag{3.6}$$

借鉴前人的研究，设物质资本的折旧率适用于人力资本，资本投资率

为 S_k，资本积累服从：

$$K = S_k Y - \kappa K \tag{3.7}$$

设技术水平受研发企业的人力资本和自身水平的影响，即技术积累服从：

$$\dot{A} = B(SH)^\gamma A^\theta \tag{3.8}$$

其中，B、γ、θ 为外生参数，且 γ、θ 以及两者的和都大于 0 小于 1，B 大于 0。

当整个经济社会达到均衡稳态时，资本、技术和人力资本的增长率相等且趋于 0，此时可得到：

$\dot{g}_A = \dfrac{\gamma n}{1 - \theta - \gamma}$，其中 n 为外生的人口增长参数，$n = \dfrac{\dot{L}}{L}$，$\dot{g}_k = \dot{g}_H = \dot{g}_A + n = \dfrac{n(1 - \theta)}{1 - \theta - \gamma}$

进一步假设人均资本对技术的比例 $k = \dfrac{K}{AL}$，人均人力资本对技术的比例 $h = \dfrac{H}{AL}$，人均产出对技术的比例 $y = \dfrac{Y}{AL}$，则可推出：

$$\frac{\dot{k}}{k} = \frac{\dot{K}}{K} - g_A - n$$

$$\dot{k} = S_k(1-s)^\beta k^\alpha h^\beta - (\kappa + g_A + n)k \tag{3.9}$$

$$\dot{h} = \mu\varphi^\lambda(1-\varphi)^{1-\lambda}\tau(1-s)^\beta k^\alpha h^\beta - (\kappa + g_A + n)h \tag{3.10}$$

当经济处于均衡时，$\dot{h} = \dot{k} = 0$，由式（3.9）和式（3.10）可得到：

$$h^* = \left\{ \frac{[\mu\varphi^\lambda(1-\varphi)^{1-\lambda}]^{1-\alpha}(1-s)^\beta S_k^\alpha \tau^{1-\alpha}}{[\kappa(1-\theta-\gamma)+(1-\theta)n]} \right\}^{\frac{1}{1-\alpha-\beta}} \tag{3.11}$$

$$k^* = \left\{ \frac{[\mu\varphi^\lambda(1-\varphi)^{1-\lambda}]^\beta(1-s)^\beta S_k^{1-\beta}\tau^\beta}{[\kappa(1-\theta-\gamma)+(1-\theta)n]} \right\}^{\frac{1}{1-\alpha-\beta}} \tag{3.12}$$

由式（3.11）、式（3.12）和式（3.1）能够得到：

$$y^* = \left\{ \frac{[\mu\varphi^\lambda(1-\varphi)^{1-\lambda}]^\beta(1-s)^\beta S_k^\alpha \tau^\beta}{[\kappa(1-\theta-\gamma)+(1-\theta)n]^{\alpha+\beta}} \right\}^{\frac{1}{1-\alpha-\beta}} \tag{3.13}$$

由式（3.13）可发现人均产出受企业对人力资本投资效率以及企业对人力资本支付的薪酬或福利变化的影响，也就是说人力资本成本影响企业产出，至此推出第一个主要观点：人力资本成本影响企业绩效。

3.1.2　攀比视角

人力资本对企业绩效的影响不仅与人力资本成本有关，也与企业对人力资本的激励有关。人力资本的载体是人，在人自愿发挥能动性的基础上人力资本的价值才能最大化。因为人的主观能动性很难通过压迫、强制等手段监测，例如人可以隐瞒自己的能力、观念，或者是人在工作中的懈怠、偷懒等行为，都会降低人力资本的经济效应，制约人力资本对企业绩效的积极作用，因此激励对实现人力资本创造价值的功能也非常重要。当前工资是收入的主要来源，或者说人力资本的收入主要是工资，因此企业对人力资本激励的主要形式也是工资。现实中企业支付的工资受行业工资影响，因此员工或者说人力资本的努力程度受行业工资的影响，本节将人力资本的努力程度 u（即工资的激励作用）引入生产函数中证明薪酬激励对发挥人力资本积极作用的影响。设生产函数为：

$$Y = A\left[\delta_1(uL)^\lambda + \delta_2 K^\lambda\right]^{\frac{1}{\lambda}} \tag{3.14}$$

其中，$\mu = f\left(\dfrac{w - w_0}{w_0}\right)$（Summers，1988），且 $\dfrac{\partial u}{\partial w^0} < 0$

假设 w 为企业自己支付给劳动者的薪酬，$w = w_{e+} w_0$，w_e 表示企业支付给劳动者的工资与行业薪酬均值的差（即超额薪酬），其可能大于 0，也可能小于或等于 0，w_0 表示同行业其他企业支付给劳动者的平均薪酬（即行业薪酬均值），劳动者努力程度与同行业其他企业支付的平均薪酬负相关。本公司支付薪酬对劳动者的激励效果比较复杂，当 w_e 大于或等于零时，$\dfrac{\partial u}{\partial w} \geq 0$，或者说 $\dfrac{\partial u}{\partial w_e} > 0$，当 w_e 小于零时，$\dfrac{\partial u}{\partial w} < 0$，或者说 $\dfrac{\partial u}{\partial w_e} < 0$。企业支付的工资受同行业薪酬均值影响，即 $\dfrac{\partial w}{\partial w_0} > 0$，这一过程即攀比心理的表现。

假设企业的利润函数为：$\pi = Y - (w_e + w_0)L - rK$，$r$ 为资本价格。

分别对劳动力和资本求一阶导数可得到：

$$\frac{\partial \pi}{\partial K} = A\left[\delta_1(uL)^\lambda + \delta_2 K^\lambda\right]^{\frac{1}{\lambda}-1}\delta_2 L^{\lambda-1} - r = 0$$

$$\frac{\partial \pi}{\partial L} = A\left[\delta_1(uL)^\lambda + \delta_2 K^\lambda\right]^{\frac{1}{\lambda}-1}\delta_1 u^\lambda L^{\lambda-1} - w_e - w_0 = 0$$

资本劳动要素比 T 为：

$$T = \frac{K}{L} \left[\frac{r\delta_1 u^{\lambda}}{(w_e + w_0)\delta_2} \right]^{1-\lambda}$$

$$\frac{\partial T}{\partial w_0} = (\gamma\delta_1)^{1-\lambda} \delta_2^{\lambda-1} \left[\frac{\partial u}{\partial w_0}(w_e^{\lambda-1} + w_u^{\lambda-1}) - (1-\lambda)uw_e^{\lambda-2} \right]$$

因为 $\frac{\partial u}{\partial w_0} < 0$，$\lambda < 1$，所以 $\frac{\partial T}{\partial w_0} < 0$，即同行业工资的变化会对公司要素替换产生负面影响。

$$\frac{\partial T}{\partial w_e} = (\gamma\delta_1)^{1-\lambda} \delta_2^{\lambda-1} \left[\frac{\partial u}{\partial w_e}(w_e^{\lambda-1} + w_u^{\lambda-1}) - (1-\lambda)uw_e^{\lambda-2} \right]$$

$\lambda < 1$，当 $\frac{\partial u}{\partial w_e} > 0$ 时，$\frac{\partial T}{\partial w_e}$ 的符号不确定，当 $\frac{\partial u}{\partial w_e} < 0$ 时，$\frac{\partial T}{\partial w_e} < 0$，这说明本公司支付薪酬与同行业薪酬的差对要素替代的影响是双重影响。

将企业的利润函数变形为：

$$\ln\pi = Ln\left[A(\delta_1 u^{\lambda} + \delta_2 T^{\lambda})^{\frac{1}{\lambda}} - (w_e + w_0) - rT \right] + \ln L$$

将利润函数关于效率工资求导得到：

$$\frac{\partial\pi}{\partial w_e} = \frac{\pi\left[A(\delta_1 u^{\rho} + \delta_2 T^{\rho})^{\frac{1}{\rho}-1}(\delta_1 u^{\rho-1}\frac{\partial u}{\partial w_e} + \delta_2 T^{\rho-1}\frac{\partial T}{\partial w_e}) - 1 - r\frac{\partial T}{\partial w_e} \right]}{Ln\left[A(\delta_1 u^{\rho} + \delta_2 T^{\rho})^{\frac{1}{\rho}} - w_e - w_0 - rT \right]} + \frac{1}{L}\frac{\partial L}{\partial W_e}$$

$$(3.15)$$

由于 $\frac{\partial u}{\partial w_e}$ 和 $\frac{\partial T}{\partial w_e}$ 的符号都不确定，所以式（3.15）中超额薪酬对企业绩效的影响或是积极作用或是消极作用，如图 3.1 所示，激励的上升有助于激发人力资本潜能、促使人力资本发挥积极的创造价值的能力，但是激励具有边际效用递减性，随着激励的不断上升，其对人力资本的激励作用会不断下降。实际上超额薪酬的变化或者说激励作用的变化反映了人力资本心理状态的变化，或者说努力程度的大小，所以可以说受攀比心理影响（薪酬激励的影响），人力资本对企业绩效的影响具有双重属性。至此得到本书第二个主要观点：人力资本的攀比心理影响人力资本的价值创造能力，即人力资本对企业绩效的影响受其攀比心理影响。

3.1.3 特征视角

在探索人力资本经济后果的研究中，有一个分支聚焦探索人力资本结构变化或差异的影响，因为整体人力资本水平相当的企业或国家由于人力

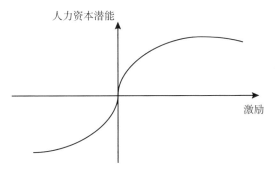

图 3.1　激励对人力资本潜能的影响

资本结构的差异其发展会大相径庭，如中国和印度。人力资本作为企业生产的基本要素之一，不但其整体水平影响企业的生产能力，而且其结构变化或差异也会影响企业对新技术的吸收能力以及创新战略的制定和实施，人力资本结构既可以发挥促进经济增长的作用，但也可能存在抑制经济增长的不利影响。具体而言，人力资本结构的不断提升或是优化抑或是合理配置会通过促进创新、技术升级而促进经济发展，相反，其结构错配或是与产业结构的不匹配都会阻抑经济发展，这使得探索人力资本结构变化或差异对经济增长、技术进步等非常有意义。本节借鉴迪希特和格罗斯曼（Dixit and Grossman，1982）、西姆（Sim，2004）、耿晔强和白力芳（2019）等的思路，进一步分析人力资本结构变化对企业产出的影响。

假设经济体中存在提供产品和服务的部门。生产最终产品的部门生产 X 和 Y 两种产品，生产 1 单位 Y 产品需要 a_Y 单位的低技能人力资本，Y 产品的均衡价格在完全竞争条件下为 $P_Y = a_Y \cdot w^L$。产品 X 需要分为 k 个阶段完成，在整个完成过程中每一个阶段 j 都属于 $[0, k]$，生产 1 单位 X 需要 1 单位的低技能人力资本 L_A 和 b_j 单位的服务 V。j 阶段产品 X 在完全竞争条件下均衡价格为 $P_{Xj} = w^L + b_j P_V$。产品 X 的价格 P_X 在完全竞争条件下表示为：

$$P_X = \int_0^k (w^L + b_j P_V) \, dj \tag{3.16}$$

对服务的需求为：

$$V = X \int_0^k b_j \, dj = \left(\frac{bk^2}{2} \right) X \tag{3.17}$$

假设提供服务的部门投入高技能人力资本 H 和低技能人力资本 L_V 提

供服务 V，设生产函数：$V = \beta H^\gamma L^{1-\gamma}(0 < \gamma < 1)$，$\beta$ 代表技术水平，成本函数为：$C_S = Hw^H + L_V w^L$，则利润表达为：$\pi = \beta H^\gamma L^{1-\gamma} - Hw^H - L_V w^L$。通过利润最大化原则可得到：

$$\frac{L_V}{H} = \frac{w^H}{w^L} \cdot \frac{1-\gamma}{\gamma} = \theta \qquad (3.18)$$

$$P_V = \frac{w^L \theta^\gamma}{\beta(1-\gamma)} \qquad (3.19)$$

$$V = \beta H \theta^{1-\gamma} \qquad (3.20)$$

假设消费者效用最大化为：$U(X，Y) = X^\alpha Y^{1-\alpha}$，约束条件为：$P_X X + P_Y Y = w^L L + w^H H$。

通过求一阶导数得到 X 和 Y 的需求函数分别为：

$$X = \frac{\alpha}{P_X}(w^L L + w^H H) \qquad (3.21)$$

$$Y = \frac{1-\alpha}{P_Y}(w^L L + w^H H) \qquad (3.22)$$

当低技能人力资本达到市场出清，结合消费支出和劳动收入的均衡条件可以得到：

$$L = L_A + a_Y Y + L_V \qquad (3.23)$$

$$P_X X + P_Y Y = w^L L + w^H H \qquad (3.24)$$

假设 $\gamma = 0.5$，集合式（3.17）、式（3.18）、式（3.20）、式（3.22）、式（3.23）以及式（3.24）得到：

$$w^L = \frac{P_X[-2\theta H + \alpha(L + \theta H)]}{\alpha k(L + \theta H)} \qquad (3.25)$$

$$2\beta H \theta^{0.5} = bk[-2\theta H + \alpha(L + \theta H)] \qquad (3.26)$$

借鉴前人研究价值链的思想，产品质量在全球价值链中的位置越高其 k 值越大，$[0，k]$ 为生产 X 产品的企业在全球价值链的排名，$[k，1]$ 为生产同样产品的其他企业在全球价值链的排名。设国际上商品 X 的价格为外生变量，表示为：

$$P'_X = \int_0^k (w^L + bj P_V)dj + \int_k^1 (w^{L^*} + bj P_S^*)dj \qquad (3.27)$$

假设在生产阶段 k，所有生产 X 产品的生产成本相等，则：

$$w^L + bj P_S = w^{L^*} + bj P_S^* \qquad (3.28)$$

把式（3.19）、式（3.25）、式（3.26）代入式（3.28）通过降幂近似处理可以得到：

$$b^3\alpha^3 P_v^* Lk^4 + b^2\alpha^3 w^{L^*} Lk^3 + 4\beta^2 b\alpha P_v^* Hk^2 + 4\beta^2 \alpha HW^{L^*}K = 4\beta^2\alpha HP_V' + 16\beta^2 HP_V'$$

对上式结合给定条件关于 k 求一阶偏导，得到：

$$k = k(\overset{+}{H}, \overline{L}, \overset{+}{a}, \overline{b}, \overline{\alpha}, \overline{W}^{L^*}) \tag{3.29}$$

根据式（3.29）中 k 关于 H 和 L 的偏导可知，人力资本结构（$H/(H+L)$）提高有助于提升企业在全球价值链中的地位。至此推出本书的第三个主要观点：人力资本结构影响企业绩效。

3.2　人力资本影响股票收益

3.1 节分析证明人力资本影响企业绩效，股票市场最基础的决定因素是企业的业绩、发展前景等，因此可以推断人力资本会影响股票收益。此外，企业人力资本的流动会影响企业乃至行业的发展，当一个企业或行业集中的人力资本水平较高或存量较高时，其良好的发展前景和发展潜力必然会影响企业股票的表现，即人力资本的变化能够反映到资本市场。本节将从企业对人力资本调整成本和人力资本成本黏性两个视角进一步明确人力资本对股票收益的影响。

3.2.1　调整成本视角

莫兹和亚希夫（Merz and Yashiv，2007）、贝罗等（Belo et al.，2014）从投资和劳动力角度对资产定价模型进行改变。鉴于本书的研究主要以上市公司为样本，上市公司的劳动力可以说都属于人力资本，因此在本节生产函数中劳动要素等同于人力资本。假设经济社会中存在大量生产同质产品的企业，这些企业通过雇用人力资本和投资实现利润最大化目标。具体而言，设存在一个代表性企业，企业在 t 期的生产函数为：

$$Y_t = Z_t X_t^{1-\theta}[\alpha K_t^{1-1/\phi} + (1+\alpha) N_t^{1-1/\phi}]^{\phi/(1-1/\phi)} \tag{3.30}$$

其中，Y_t、K_t、N_t 分别为总产出、物质资本投入和人力资本投入。$\alpha > 0$ 表示生产过程中投入的资本与人力资本的相对权重，$\theta(0 < \theta \leqslant 1)$ 表示规模报酬的水平，$\phi(\phi > 0)$ 表示人力资本与资本的替代弹性。X_t 表示总的生产率状态（总生产率冲击），Z_t 表示企业自身生产率状态（企业自身生产率冲击）。

人力资本变动服从以下规律：

$$N_{t+1} = (1 - \delta_n)N_t + H_t \tag{3.31}$$

其中，$0 < \delta_n < 1$，δ_n 表示主动离职率，为了方便处理设为常数，H_t 是 t 年企业招聘或解雇人数。

物质资本的变动服从以下规律：

$$K_{t+1} = (1 - \delta_k)K_t + I_t \tag{3.32}$$

其中，$0 < \delta_k < 1$，δ_k 为资本折旧率，I_t 为企业 t 年的投资。

设资本和人力资本投入涉及多期调整，调整过程存在调整成本。

考虑到企业招聘和解雇员工的人力资本调整成本的非对称性，人力资本调整成本的设定包括非凸性调整和凸性调整两部分，见式（3.33），其中非凸性调整的设定是为捕捉企业人力资本固定成本信息，与招聘或解雇员工数量无关，凸性调整的设定反映调整成本与调整频率有关。资本调整成本包含投资支出、计划和安装新设备费用、学习使用新设备的费用、生产被临时中断再恢复产生的费用等，其中非凸成本捕捉独立于投资规模的资本调整成本的信息，凸成本部分反映调整成本与调整频率有关，具体见式（3.34）。

$$CN_t^{adj} = \begin{cases} b_n^+ Y_t + \dfrac{c_n^+}{2}\left(\dfrac{H_t}{N_t}\right)^2 N_t, & \text{if} \quad H_t > 0 \\ 0 & \text{if} \quad H_t = 0 \\ b_n^- Y_t + \dfrac{c_n^-}{2}\left(\dfrac{H_t}{N_t}\right)^2 N_t, & \text{if} \quad H_t < 0 \end{cases} \tag{3.33}$$

$$CK_t^{adj} = \begin{cases} b_k^+ Y_t + \dfrac{c_k^+}{2}\left(\dfrac{I_t}{K_t}\right)^2 K_t, & \text{if} \quad I_t > 0 \\ 0 & \text{if} \quad I_t = 0 \\ b_k^- Y_t + \dfrac{c_k^-}{2}\left(\dfrac{I_t}{K_t}\right)^2 K_t, & \text{if} \quad I_t < 0 \end{cases} \tag{3.34}$$

其中，c_n^+，c_n^-，b_n^+，$b_n^- > 0$ 是常数，c_k^+，c_k^-，b_k^+，$b_k^- > 0$，是常数。

引入人力资本和物质资本总的调整成本函数，形式为：

$$\psi_t = \frac{CN_t^{adj} + CK_t^{adj}}{S_t} \tag{3.35}$$

其中，S_t 是随机变量，捕获总的调整成本的变化。将 S_t 定义为调整成本楔，对调整成本楔的冲击为调整成本冲击，这种冲击影响员工变动的边际成本以及投资变动的边际成本，进而影响企业扩张和收缩。当 S_t 上升时，在调整成本不变的情况下，企业招到的员工或进行的投资更具有生产力。

设营运成本按总生产的一定比例确定，即营运成本为 $F_t = fX_t$，$f > 0$。

引入贝罗等（Belo et al.，2014）对随机折现因子的定义，即：

$$M_{t,t+1} = \exp(-r_f) \frac{\exp(-\gamma_x \Delta x_{t+1} - \gamma_s \Delta s_{t+1})}{E_t[\exp(-\gamma_x \Delta x_{t+1} - \gamma_s \Delta s_{t+1})]} \qquad (3.36)$$

其中，$\Delta x_{t+1} = \mu_x + \sigma_x \varepsilon_{t+1}^x$，$s_{t+1} = \rho_s s_t + \sigma_s \varepsilon_{t+1}^s$。$r_f$ 为无风险利率的对数形式，$\gamma_x > 0$ 和 $\gamma_s < 0$ 是总生产率和企业自身生产率的随机折现因子的载荷系数，$E_t[\cdot]$ 代表在 t 时刻所有状态的预期收益。

设实际工资是总生产冲击的递增函数，即：

$$W_t = \tau_1 \exp(\tau_2 \Delta x_t) \qquad (3.37)$$

其中，$\tau_1 > 0$ 是比例系数，$0 < \tau_2 < 1$ 表示总的劳动成本变动相对总生产冲击较缓慢（Merz and Yashiv，2007，Donangelo et al.，2019）。

假设企业只通过股权融资，股利由式（3.38）给出：

$$D_t = Y_t - W_t N_t - \psi_t - F_t \qquad (3.38)$$

参照莫兹和亚希夫（Merz and Yashiv，2007）、贝罗等（Belo et al.，2014）的做法，企业股利最大化问题表示为：

$$V(\xi_t) = \max_{\{I_{t+j}, K_{t+j+1}, N_{t+j+1}\}_{j=0}^{\infty}} \left\{ E_t \left[\sum_{j=0}^{\infty} M_{t,t+j} D_{t+J} \right] \right\} \qquad (3.39)$$

定义状态向量变量 $\xi_t = (K_t, N_t, x_t, z_t, s_t)$，$V(\xi_t)$ 表示公司在 t 期的累积股利。按照莫兹和亚希夫（Merz and Yashiv，2007）的做法，将式（3.39）通过优化求解得到：

$$V(\xi_t) = D_t + E_t[M_{t,t+1} V(\xi_{t+1})] \qquad (3.40)$$

式（3.40）也为价值函数的贝尔曼方程，引入股票收益方程 $R_{t+1}^s = V(\xi_{t+1})/[V(\xi_t) - D_t]$，将式（3.40）变形为式（3.41）：

$$\Rightarrow 1 = E[M_{t,t+1} R_{t+1}^s] \qquad (3.41)$$

将随机折现因子式（3.39）与式（3.41）联合，通过运算得到：

$$E[r_{t+1}^e] = \lambda_x \times \beta^x + \lambda_s \times \beta^s \qquad (3.42)$$

其中，股票超额收益为 $r_{t+1}^e = R_{t+1}^s - R_f$。总的无风险利率为 $R_f \equiv \exp(r_f) = E_t[M_{t,t+1}]^{-1}$。总生产力冲击为 $\lambda_x = \gamma_x Var(\Delta x_{t+1})$。总的调整成本的冲击为 $\lambda_s = \gamma_s Var(\Delta s_{t+1})$。$\beta^x = cov(r_{t+1}^e, \Delta x_{t+1})/Var(\Delta x_{t+1})$ 是公司超额收益对总生产力冲击的系数。$\beta^s = cov(r_{t+1}^e, \Delta s_{t+1})$ 是公司超额收益对劳动力调整成本冲击的系数。至此，式（3.42）反映出企业股票收益受劳动力调整成本影响。

当进一步将资本和劳动力调整成本函数进行简化，即 $b_n^{+,-} = b_k^{+,-} = 0$，设调整成本变动是对称的，即 $c_n^- = c_n^+ = c_n$，$c_k^- = c_k^+ = c_k$。并假设企业营运成本等于0，即 $F_t = 0$。借鉴莫兹和亚希夫（Merz and Yashiv，2007）的做法，式（3.39）价值最大化问题的一阶条件如下：

$$Q_t^k = E_t \left[M_{t,t+1} \left(MPK_{t+1} + (1 - \delta_k) - \psi_{kt+1} + (1 + \delta_k)\psi_{it+1} \right) \right] = \frac{1}{S_t} \left[1 + c_k \left(\frac{I_t}{k_t} \right) \right]$$

（3.43）

$$Q_t^n = E_t \left[M_{t,t+1} \left(MPN_{t+1} - W_{t+1} - \psi_{nt+1} + (1 - \delta_n)\psi_{ht+1} \right) \right] = \frac{c_n}{S_t} \left(\frac{H_t}{N_t} \right)$$

（3.44）

其中，Q_t^k 为投资的边际成本，Q_t^n 为员工投入的边际成本。

借鉴莫兹和亚希夫（Merz and Yashiv，2007）已证明的公司价值与投资和劳动力的关系，股利市场价值 P_t 可表示为：

$$P_t = Q_t^k K_{t+1} + Q_t^n N_{t+1}$$

（3.45）

由预期收益率公式 $R_{t+1}^s = \dfrac{(P_{t+1} + D_{t+1})}{P_t}$ 推出：

$$E_t \left[R_{t+1}^s \right] = \frac{E_t \left[Q_{t+1}^k K_{t+2} + Q_{t+1}^n N_{t+2} + D_{t+1} \right]}{Q_t^k K_{t+1} + Q_t^n N_{t+1}}$$

（3.46）

至此，式（3.43）和式（3.44）说明，股票收益受员工变化的影响，主要是因为劳动力调整非零成本，即人力资本数量变化影响股票收益。

3.2.2 风险传播视角

设企业生产函数为：

$$Y_t = X_t F \left[K_t, L_t \right]$$

（3.47）

其中，Y_t、K_t、L_t、X_t 分别代表企业产出、资本投入、劳动投入以及全要素生产率[①]。

假设短期内投资没有发生变化，$K_t = K$，工资为 W，则企业利润最大化可表示为式（3.48）：

$$\pi_t = \max \left[X_t F \left[K, L_t \right] - L_t W \right]$$

（3.48）

借鉴图泽尔和张（Tuzel and Zhang，2017）有关企业风险的定义，即

---

① 如无特殊说明后续出现的变量与此处含义相同。

采用利润关于全要素生产率的弹性衡量企业面临的风险，则企业风险 β 与人力资本成本占比 S 之间存在以下关系：

$$\beta = \frac{\frac{d\pi_t}{dX_t}}{\frac{\pi_t}{X_t}} = \frac{\left[F\left[K, \ L_t \right] - L_t \frac{dW_t}{dX_t} \right]}{\frac{\pi_t}{X_t}} = \frac{1 - S\alpha}{1 - S} \qquad (3.49)$$

其中，$S = \frac{L_t W_t}{Y_t}$，$\alpha = \frac{dW_t}{dX_t} \frac{X_t}{W_t}$，且 $\alpha < 1$（贾珅和申广军，2016；Donangelo et al.，2019）。依据式（3.49），对企业风险关于人力资本成本占比求一阶导，可得到式（3.50）：

$$\frac{d\beta}{dS} = \frac{1 - \alpha}{(1 - S)^2} > 0 \qquad (3.50)$$

式（3.50）表明人力资本成本占比与企业风险正相关，根据收益与风险正相关的补偿原理可知人力资本成本占比影响股票收益，即企业对人力资本的投资影响股票收益。

3.3　影响机理

3.3.1　创新渠道

当前可以说不论是实务界还是学术界都已广泛认同创新对经济增长的重要性。因此学术界对影响创新的要素进行了广泛研究，何和田（He and Tian，2018）通过对公司金融领域有关创新的研究汇总发现研究的关注点更多的是在融资约束、法律环境、行业环境以及国家政策等方面，虽然都认同人力资本在创新中的重要性，但真正从人才角度出发的研究并不多。

实际上人力资本对创新的影响具有二元性。

一方面，人力资本有利于促进创新。具体而言，管理层的人力资本水平会影响企业创新战略，创新本身具有高风险、周期长和不确定性等特点，需要充分有效的指导、充足的资金和人才支持。高水平管理层人力资本具有较强的信息处理能力，对行业发展趋势和企业发展状况有科学的认识，对潜在的创新机遇有敏锐的发现力；高水平的管理层人力资本能够对发现的创新机会进行科学、专业的评估，能够从资金和投入度方面提供充分的支持，能够推行切实可行的创新战略，降低失败的概率；高水平管理层人力资本的管理理念和方法能够积极更新，能够为顺利实现创新活动提供有效的管理；高水平管理层人力资本有助于推广创新成果，有助于将创新成果投产，最后提高企业的发展动力和提升企业绩效。可以说管理层人力资本水平对创新从发现、实施到转化发挥着重要作用，正如已有的研究中发现高水平的管理层人力资本有助于企业创新（Wincent et al.，2010；Schneider et al.，2010；Lin et al.，2011；周建等，2012；Chen，2014）。企业创新战略的落地与企业普通员工的人力资本水平有关，高水平的普通员工人力资本能够提供创新所需的人才，如果企业普通员工人力资本水平较低，即使管理层提出的创新战略非常完美也很难落地，所谓"巧妇难为无米之炊"，此外普通员工的人力资本水平影响着创新战略的高度，理性的管理者在制定创新战略时必然会考虑企业人才现实条件，高水平的普通员工人力资本能够为管理层在创新方面解决后顾之忧（Mason et al.，2012；张宽和黄凌云，2019；毛其淋，2019）。

另一方面，人力资本并不能发挥促进创新的作用，甚至可能产生负面影响，具体而言，人力资本水平越高企业员工追求自我价值的动机越强、自我敏感性越强，员工的流动性也会相应提高。同时，人力资本水平的提升也意味着劳动成本的上升，短期内可能会对企业资金造成压力，影响企业的创新决策，正如有研究发现管理层的人力资本水平与企业创新活动无关或者是不利于创新或者两者是非线性的关系（Cushing et al.，2002；Dakhli and De - Clercq，2004；孙文杰和沈坤荣，2009；邵宜航和徐菁，2017）。

在人力资本对创新影响的研究中，对人力资本的度量或是从人力资本存量出发（孙文杰和沈坤荣，2009；谢祥家，2013），或是从人力资本水平出发（Dakhli and De - Clercq，2004；钱晓烨等，2010；Banerjee and Roy，2014），或是从人力资本结构出发，事实上对企业而言，如何维持和提升人力资本水平也非常重要。在人力资本、创新与经济增长或企业发展的研究中，有研究探索了创新的中介作用（Becker et al.，1997；Youndt and Snell，2004），实际上人力资本与创新之间也具有相互促进的作用，高水平人力资本有助于创新的发展，创新也有助于倒逼人力资本的提升，只有两者之间形成相互促进的螺旋模式才能真正助力经济发展。

人力资本与创新之间既属于互补关系也具有替代关系。人力资本属于企业基础要素，创新属于企业的一种发展战略，创新战略的实现离不开人力资本要素的支持，创新也为人力资本变化提供了机遇，两者共同为企业最优发展做贡献。创新和人力资本之间存在替代，企业可能为维持人力资本而暂缓对创新的投入，或者由于创新产品或技术投入使用而减少对人力资本的需求。因此，本书将从企业对人力资本的投资以及人力资本结构演化的过程探索人力资本对企业创新的影响，不但探索创新的中介作用，也探索人力资本与创新的交互作用。

3.3.2　人才流动渠道

由于人力资本的载体为人，因此经济学理性人追逐利益的特点也适用于人力资本。一方面，人力资本在追求自我价值实现或是追求收益的过程中会发生流动，导致企业要素结构的变化；另一方面，为应对人力资本成本的上升，企业会调整要素结构。所以说探索人力资本创造价值不能忽视人力资本流动。事实上，人才流失意味必须引进新的员工，在这个过程中不但产生成本，而且存在新招聘的人不能满足岗位需求的风险，同时招聘和培训人才都需要时间，在整个过程中企业的生产会受到影响。现实中也确实存在员工离职后企业生产受到严重影响的案例，如 2018 年 9 月航天科研人员张某某事件，属于员工离职影响企业生产的典型案例，其实质是人们追求薪酬公平对企业绩效产生重大影响，所以说人力资本的离职行为会对其创造价值产生重要影响。由于员工离职的行为受人力资本水平高低、面临的机会成本、流动障碍等因素的影响，本节进一步通过模型推导证明员工离职行为与人力资本之间的关系。

借鉴企业中典型生产函数的形式，设员工离职后（重新找新工作）的预期收益为：

$$ER = A_r X^\alpha h^{1-\alpha} \tag{3.51}$$

其中，α 为弹性，$0 < \alpha < 1$，A_r 表示新找到工作后可能面临的技术水平，也含自己在上一个公司掌握的技术，X 表示在找到新工作后工作所需要的其他资源，如信息、交通、资金支持等，h 表示自身人力资本水平的高低。

设换工作的预期直接成本为 EC，$EC = dX$，d 表示劳动市场流动性的大小，流动性大的劳动市场中员工从一个企业转换到另一个企业所需的成本较小，反之需要的成本较大。

设换工作的机会成本为 OC，$OC = MI - MC$，MI 为换工作期间可以从现有工作单位中获得的收入，MC 为正常的生活开支，为外生变量，不受人力资本水平或是换工作的影响，即 MC。

设员工在原单位的生产函数为：

$$Y_c = A_c K_c^{\beta} h^{1-\beta} \tag{3.52}$$

设员工在原单位的收入函数为：

$$MI = h \times \frac{\partial Y_c}{\partial h} = h \times \frac{\partial(A_c K_c^{\beta} h^{1-\beta})}{\partial h} = (1-\beta) A_c K_c^{\beta} h^{1-\beta} \tag{3.53}$$

设员工是否离职取决于其预期净收益 EI，$EI = ER - EC - OC$，根据设定，预期净收益变形为：

$$EI = A_r X^{\alpha} h^{1-\alpha} - dX - (1-\beta) A_c K_c^{\beta} h^{1-\beta} + MC \tag{3.54}$$

将式（3.54）分别关于 X 和 h 求导，可以得到：

$$\frac{\partial EI}{\partial X} = A_r \alpha X^{\alpha-1} h^{1-\alpha} - d \tag{3.55}$$

$$\frac{\partial EI}{\partial h} = A_r(1-\alpha) X^{\alpha} h^{\alpha} - (1-\beta)^2 A_c K^{\beta} h^{-\beta} \tag{3.56}$$

令式（3.55）和式（3.56）等于 0，根据式（3.54），求出离职后预期净收益最大值的表达式为：

$$\max EI = \frac{A_r(1-\beta)^{2\alpha} A_c^{\alpha} \alpha^{\alpha} K^{\alpha\beta} h^{1-\alpha\beta}}{(1-\alpha)^{\alpha} d^{\alpha}} - \frac{(1-\beta)^2 A_c \alpha K^{\beta} h^{-\beta}}{1-\alpha} + MC \tag{3.57}$$

首先将式（3.57）关于参数 d 求导，得到：

$$\frac{\partial \max EI}{\partial d} = -\frac{A_r(1-\beta)^{2\alpha} A_c^{\alpha} \alpha^{\alpha+1} K^{\alpha\beta} h^{1-\alpha\beta}}{(1-\alpha)^{\alpha} d^{\alpha+1}} \tag{3.58}$$

然后再将式（3.58）对 h 求偏导，得到：

$$\frac{\partial \max EI}{\partial d \partial h} = -\frac{A_r(1-\beta)^{2\alpha}(1-\alpha\beta) A_c^{\alpha} \alpha^{\alpha+1} K^{\alpha\beta}}{(1-\alpha)^{\alpha} d^{\alpha+1} h^{\alpha\beta}} \tag{3.59}$$

式（3.58）和式（3.59）小于 0，劳动市场流动性越大（d 值越小），离职后预期收益大于 0 的可能性越高，员工离职概率也越高；劳动市场流动性越大（流动障碍越小），人力资本水平越高的员工其离职概率越高。根据人力资本对企业绩效的影响分析可以得到，当劳动市场或是人才流动障碍降低时，员工人力资本水平越高，其离职行为对企业绩效产生的影响越显著。此外人力资本流动性还受岗位职责的限制，例如 CEO 比普通员工离职面临的约束条件更多，因此现实中人力资本通过员工流动行为影响其创造价值的途径还与其本身所处职位有关。综上所述，人力资本流动影响人力资本价值创造功能。

3.3.3　生产率渠道

实证研究已证明，人力资本的模仿能力、学习能力、专业化协作能力等使其对全要素生产率（TFP）产生促进作用（Miller and Upadhyay，2000；Aiyar and Feyrer，2002；Benhabib and Spiegel，2005；许和连等，2006；姚先国和张海峰，2008）。当前已有研究证明人力资本通过两种途径影响TFP：一是通过影响创新影响 TFP（Romer，1990）；二是经过影响技术扩散的进程和技术仿效能力影响 TFP，有研究发现人力资本的提高能够提升企业技术吸收能力进而助力 TFP 的提高。

但是人力资本对 TFP 的影响不是一成不变的，也有研究发现人力资本的平均水平对 TFP 的影响不显著或负相关（Bils and Klenow，2000；Pritchett，2001；Söderbom and Teal，2003），只有超过一定阈值的人力资本才能够发挥促进 TFP 的作用（华萍，2005；Vandenbussche et al.，2006；彭国华，2007；魏下海，2010；陈刚，2010），这意味着人力资本对 TFP 的影响与人力资本结构有关，人力资本水平越高其学习能力、自我认知能力越强，在对 TFP 的影响中能够发挥更有效的作用。也有研究发现人力资本与 TFP 之间的关系受人才配置的影响，当高素质人才集中在某些行业或某些区域时，会产生人才寻租行为，正常的人才市场秩序被打乱，不利于TFP 的上升（Murphy et al.，1991）。本节进一步通过数理分析证明人力资本对 TFP 的影响。

假设 H 代表投入的人力资本，设企业的生产函数为：

$$Y = AK^{\alpha}H^{\beta}L^{\lambda}$$

其中，α 和 β 分别表示物质资本和人力资本的弹性系数，A 表示技术水平且以 λ 的固定速率增长，$\alpha + \beta + \lambda = 1$。

假设技术水平 A 的变化只与期初技术水平 A_0 和外部技术进步增长率 λ 有关，即 $A = A_0 e^{\lambda}$，则生产函数可表示为：$Y = A_0 e^{\lambda}K^{\alpha}H^{\beta}L^{\lambda}$

假设规模报酬不变，技术进步只与总产出和投入有关，则技术进步表示为：

$$A = Y/F(K, L, H)$$

对上式求微分可得到：

$$\frac{\dot{A}}{A} = \frac{\dot{Y}}{Y} - \frac{\partial Y}{\partial K}\frac{K}{Y}\frac{\dot{K}}{K} - \frac{\partial Y}{\partial L}\frac{L}{Y}\frac{\dot{L}}{L} - \frac{\partial Y}{\partial H}\frac{H}{Y}\frac{\dot{H}}{H} \tag{3.60}$$

$$\alpha = \frac{\partial Y}{\partial K}\frac{K}{Y}, \quad \beta = \frac{\partial Y}{\partial L}\frac{L}{Y}, \quad \lambda = \frac{\partial Y}{\partial H}\frac{H}{Y}$$

式（3.60）中$\frac{\dot{A}}{A}$表示全要素生产率，证明全要素生产率受人力资本变化的影响。

除了全要素生产率，劳动生产率也是衡量企业生产效率的重要指标，现有研究也发现人力资本影响劳动生产率。具体而言，高水平人力资本不仅意味着劳动者拥有高的学历水平或丰富的工作阅历，而且劳动者的学习和工作能力以及适应环境的能力也比较强，有助于企业采用先进技术进而助力劳动生产率的提高；此外，劳动者健康的身体也是衡量人力资本的一个方面，强健的身体有助于提高劳动者的工作能力和学习能力，因此人力资本的提高可从不同角度助力劳动生产率的提升（杨建芳等，2006；Li et al.，2012；Andrew and John，2016；Bender et al.，2018）。实际上，人力资本对劳动生产率的影响并不完全是"简单的线性关系"，这两者还受其他因素的制约（Syverson，2011），正如程虹（2018）发现人力资本对劳动生产率的积极影响在管理效率高的企业中更显著。

综上所述，人力资本通过两条路径对生产率产生影响：一是人力资本作为有效劳动要素，其能够提升劳动生产率；二是人力资本有助于全要素生产率（TFP）的提升。不论是劳动生产率还是 TFP 的变化最终都会反馈到企业价值层面，即人力资本通过改变劳动生产率或是 TFP 影响企业价值。但是目前不论是探索人力资本对劳动生产率还是 TFP 的研究，对人力资本的界定都局限于存量和水平视角，且探索生产率中介作用的研究相对较少。

整体而言，通过对人力资本的投资和激励，一方面有助于提高现有人才对企业的忠诚度、激发其工作积极性等，另一方面有助于吸引新员工加入，进而助力生产率、创新等的进一步提升，在两者共同作用下人力资本能够发挥提升企业价值的功能（见图3.2）。

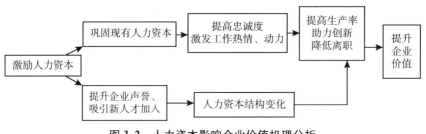

图 3.2　人力资本影响企业价值机理分析

3.4　本章小结

　　本章从理论角度证明人力资本对企业价值的影响及影响机理。通过把企业对人力资本的投资引入生产函数，证明企业对人力资本的投资会影响企业产出；把人力资本努力程度引入生产函数，发现人力资本对企业价值的影响受心理因素的制约；借助价值链的思想证明人力资本结构提高有助于提升企业绩效；从人力资本调整成本角度发现人力资本数量变化影响股票收益；从风险视角发现人力资本成本与企业风险正相关，根据风险与收益相补偿原则，可推断人力资本成本影响股票收益。

第4章

人力资本对企业绩效的影响

第3章从理论角度论证了企业对人力资本的投资、人力资本攀比心理、人力资本结构变化影响人力资本价值创造功能。本章将从企业对人力资本的投资、人力资本攀比心理以及人力资本结构变化三个视角实证分析人力资本在企业绩效（账面价值）中发挥的作用。

4.1 假设提出

4.1.1 成本视角人力资本对企业绩效的影响

人力资本能够为企业创造价值已是被认可的事实，企业为维护或是保留如此重要的生产要素必然会对其投资，当前企业对人力资本的投资主要有工资、福利和股权激励三种途径。相比于福利和股权，工资更具有普遍性。根据统计局相关数据，2013～2018年人均可支配收入中有56%以上是由人均工资收入贡献的。毋庸置疑，工资是民生之源，是企业对人力资本的主要投资方式。而公司对人力资本在福利和股权激励方面的数据非常不完整，且工资在员工收入的比例占80%以上，鉴于此，本章采用企业对人力资本支付的工资（人力资本成本占比）衡量人力资本成本，探索人力资本对企业绩效的影响。

图4.1显示，1999～2018年，上市公司人力资本成本占比的时间序列均值呈相对稳定上升的状态，反映出人力资本成本不断上升，即企业为人力资本付出的成本或投资在不断增加，也可以说企业对人力资本要素的重视度在不断提高。

图 4.1　人力资本成本占比均值时间趋势

资料来源：根据 1999~2018 年上市公司的人力资本平均水平整理。

人力资本成本占比具有双重属性。对员工而言，人力资本成本占比的不断上升不但代表员工收入水平的提升，而且能够传递积极信号给员工，这能够激励其努力工作、增强其薪酬公平感和提升其对企业的认同感等，但是随着人力资本成本占比的持续上升，其给员工的激励作用会不断降低，即人力资本成本激励的边际效用具有递减性。此外由于人力资本价值创造不能够及时反映到企业绩效层面，而人力资本的提升或是维持需要企业即刻付出相应的成本，这可能使基于成本法衡量的人力资本的提升并不能在短期内发挥积极作用，即不一定能够发挥人力资本创造价值的积极作用。对于企业而言，人力资本成本占比的上升意味着企业面对劳动成本增加的问题，这必然会提高企业的整体成本，降低企业的利润，因此企业会通过抑制投资缓解成本压力，例如创新由于具有投入资金大且风险高等特点，企业很可能为应对劳动成本上升问题而暂时减少创新投入，而投资机会错失和创新投入的减少最终会不利于企业发展。另外，企业为了维持利润、保持竞争力等会通过提高劳动生产率、研发新产品或服务、采用新技术等途径缓解劳动成本上升带来的威胁，即劳动成本能够通过"倒逼机制"最终提升企业绩效，如董新兴和刘坤（2016）发现劳动成本上升有助于激励企业创新最终有利于提升企业利润，黄乾和魏下海（2010）基于宏观数据发现劳动收入份额的上升有助于经济增长。也就是说，人力资本成本占比在激励机制、成本机制和生产率机制共同作用下影响企业绩效，两者之间不是简单的线性关系，基于此提出假设 H4 - 1。

H4 - 1：人力资本成本占比与企业绩效之间存在非线性关系。

4.1.2 攀比视角人力资本对企业绩效的影响

研究证明，现实社会中人们是有限自利的，其在涉及利益方面非常在意与他人的比较。由于人力资本的载体是人，因此人力资本在创造价值的过程中脱离不了人的特点，结合马斯洛的需求层次理论，当前人们处于社交需求和尊重需求阶段，在该阶段人们更倾向通过比较形成自我认知，因此人们的薪酬公平感必然是通过与他人的对比形成。正如，亚当斯（Adams，1963）、萨缪尔森（Samuelson，1993）等提出了收入差距厌恶模型，皮莱等（Pillai et al.，2001）发现高管会与同行业其他高管进行薪酬比较，拉勒曼德等（Lallemand et al.，2004）发现员工一直通过企业间工资比较来决定自己的努力程度。根据攀比心理的传导机制可知，薪酬攀比通过影响员工对自身收益的满意度和薪酬公平感而改变员工行为，进而影响企业业绩（Greenberg，2003；Deconinck and Stilwell，2004；Siegel and Hambrick，2005；黎文靖等，2014）。

此外，中国人对收入分配公平的追求由来已久，例如，历史上多次农民起义均以"均贫富"为号召；在当代，国家从战略高度强调收入分配改革有助于实现社会公平正义，如国家明确提出"努力缩小……分配差距"。现有研究也发现，相比于其他国家，中国人更加注重分配公平问题，其在分配公平的环境中对工作的满意程度和积极性较高（Pillai et al.，2001；Kim and Leung，2007）。

对公平的追求涉及比较对象的选择，已有研究证明，比较对象不但需要有相仿特征，而且需要满足可获得性特征。人们更倾向跟自己类似的人比较，企业中管理层和普通员工属于差异性群体，其相似特征较少，特别是中国人在儒家文化熏陶下对权威的服从思想使得管理层和普通员工对比的现实意义非常有限。因此本节在探索攀比心理在人力资本创造价值中的影响时分别基于管理层和普通员工进行分析。当员工通过外部薪酬对比发现自己获得的收入比行业均值高或与行业均值相当时，这相当于通过薪酬途径给予员工显性激励，该状态下员工薪酬攀比动机较小、薪酬公平感较高，结合行为经济学中认可的员工懂得"知恩图报"的思想，因此有理由相信这会激发员工的勤勉敬业精神，从而有利于提升企业绩效。当员工通过外部薪酬对比发现自己获得的收入与行业均值相差较大时，即处于薪酬对比的"损失"状态，则员工的薪酬攀比动机较强、薪酬公平感较低，从而引发其改变这种不公平的行为，如缩短有效工作时间、降低工作效率、消极管理、离职等，而这都不利于提升企业绩效。基于此提出假设 H4 - 2。

H4 - 2：不论是管理层还是普通员工，外部薪酬攀比动机越小越有利于发挥人力资本提升企业绩效的功能。

通常国有企业在职工福利等方面具有优越条件，如稳定的就业环境、隐形的职工福利等，因此国有企业的普通员工可能因为企业的稳定、良好的福利条件而对外部薪酬环境不敏感，非国有企业的员工很难享受到这些优势条件，因此其对薪酬环境非常敏感。但这种产权性质的差异不会影响管理层的薪酬攀比行为，理由有两点：其一是管理层相比普通员工，其受教育水平整体比较高，随着受教育水平的提高其对公平正义的追求更迫切；其二对管理层而言，薪酬能够映射个人在社会上的地位、拥有的职权乃至尊荣，管理层出于职业生涯和声誉的考虑，常常将自己的薪酬与同类型参照对象的薪酬进行比较（卫旭华，2016），判断是否得到公平对待，以保证自己在人才市场上的竞争力。因此国有企业的管理层与非国有企业的管理层一样，都对外部薪酬环境比较敏感。本着审慎原则，提出假设 H4 - 3。

H4 - 3：相对于管理层，普通员工外部薪酬攀比行为对企业绩效的影响与产权性质有关，即普通员工人力资本创造价值的能力在非国有企业中更显著。

已有研究发现，高管与普通员工收入变化同步性越强则对预期业绩的正面影响越显著（陈冬华等，2015），方军雄（2011a）基于中国上市公司发现高管和普通员工的薪酬变化并不同步，一方面可能导致对普通员工的负向激励，另一方面也会削弱薪酬对高管的激励作用。因此被激励的人力资本在影响企业绩效的过程中受管理层和普通员工外部薪酬公平感的同步性或非同步性的影响，如果管理层和普通员工的外部薪酬公平感具有同步性，则会传递积极信号给普通员工，积极信号在一定程度上有利于企业团结，从而有利于提升企业绩效。如果管理层和普通员工的外部薪酬公平感非同步，特别是管理层薪酬高于行业均值而普通员工薪酬低于行业均值时，普通员工会认为企业并不重视他们，不利于企业员工团结合作，进而会损害企业绩效。鉴于此，本章进一步探索了外部薪酬公平感的同步性或非同步性影响下人力资本对企业绩效的影响。但管理层和职工外部薪酬攀比的同步性或异步性对企业绩效具体有怎样的影响，需实证检验，基于此提出假设 H4 - 4。

H4 - 4：外部薪酬公平感的同步性或非同步性影响人力资本价值与企业绩效的关系。

4.1.3 特征视角人力资本对企业绩效的影响

由于教育是形成人力资本的主要途径，因此基于教育背景分析人力资本结构变化，人力资本结构的变化是高素质人力资本比重不断增大的过程，从而形成高素质人才主导的人力资本结构，这有助于对各类新技术的消化吸收和应用以及推动企业创新，进而有利于企业的发展。有关人力资本结构演化的衡量能够反映企业中高素质人力资本不断上升的趋势，因此人力资本结构水平越高对企业绩效贡献越大，基于此提出假设 H4 - 5。

H4 - 5：企业人力资本结构水平越高越有助于发挥人力资本创造价值的积极作用，越有助于提升企业绩效。

鉴于我国经济制度的特殊性，由于行业间人力资本分布存在差异，且每个行业对人力资本的需求不尽相同，一般而言同行业企业对人才的需求、所受宏观环境的影响具有相似性。因此为了进一步论证人力资本结构变化对企业绩效的影响，我们提出并构造了相对同行业人力资本结构指数，在假设 H4 - 5 的基础上提出假设 H4 - 6。

H4 - 6：相对同行业企业，企业人力资本结构水平越高越有利于发挥人力资本创造价值的积极作用，越有利于提高企业绩效。

4.2 样本选择与研究设计

4.2.1 样本选择

选用 1999 ~ 2019 年沪深两市 A 股所有企业作为初始样本，并按以下步骤进行数据处理：第一，按照研究惯例，剔除金融股、ST 股、＊ST 股；第二，通过缩尾处理（上下 1%）消除异常值。本书的数据出自国泰安（CSMAR）数据库和 Wind 数据库。

由于本书从三个不同视角衡量人力资本，鉴于企业公布相应指标的不一致，因此当采用不用指标度量人力资本时其样本时间段存在差异性。具体来说，由于证监会从 2003 年开始要求上市公司详细披露高管薪酬的信息，以及 2019 年部分数据的短缺，同时剔除管理层、普通员工人均工资为负的样本，因此在基于攀比心理分析人力资本时研究样本时间段为 2004～2018 年；企业员工受教育水平数据公布存在差异性，为保证样本的连续性以及构建人力资本结构高级化的需要，删除企业员工教育背景连续三年缺失的样本，因此基于特征视角衡量人力资本时研究样本时间段为 2010～2018 年；基于成本法衡量人力资本时其研究样本时间段为 1999～2018 年。

4.2.2　研究设计

1. 构建核心变量

（1）成本视角度量人力资本。薪酬在企业对人力资本要素投入中占 80%，且已有研究采用支付给职工以及为职工支付的现金作为衡量企业对劳动力要素投入的指标（潘怡麟等，2018）。因此参照前人（方军雄，2011a 等）衡量劳动收入份额的做法，采用式（4.1）度量人力资本成本占比，衡量人力资本要素在产出分配中所占份额。

$$人力资本成本占比 = \frac{支付给职工以及为职工支付的现金}{营业收入 - 营业成本 + 支付给职工以及为职工支付的现金 + 固定资产折旧} \tag{4.1}$$

（2）攀比视角度量人力资本。薪酬攀比的对象涉及企业中的所有员工。普通员工薪酬攀比一方面涉及与同行业其他公司职工的对比，另一方面涉及与本公司管理层对比；管理层薪酬攀比主要指与同行业其他公司管理层的对比。在构建薪酬攀比系数时借助了前人研究的成果，例如比齐亚克等（Bizjak et al.，2008）、福克兰德和杨（Faulkender and Yang，2010）、赵颖（2016）都证明企业在制定高管薪酬时或者以同行业公司或者以同等规模公司作为比较标准。同时行业薪酬均值也是普通员工薪酬比较的参考点，行业平均薪酬在一定程度上反映了职工工作的机会成本，是职工判断自身目前以及未来薪酬水平高低的重要依据。

具体来说，在控制年份、行业和企业属性后依次计算管理层和普通员工的薪酬均值，外部薪酬攀比系数由式（4.2）和式（4.3）求得，攀比系数与攀比动机是此消彼长的关系，即越大的攀比系数代表越小的攀比动机，从而降低人力资本流出的概率，增强人力资本对企业的忠心，即有助于人力资本发挥积极价值创造功能。内部薪酬攀比由式（4.4）求得，对职工而言，内部薪酬攀比系数越大，攀比动机越大，这种情况可能不利于普通员工发挥人力资本创造价值的功能，但是会激励管理层发挥人力资本创造价值的功能。

$$OGAPW = \frac{职工人均薪酬}{同行业同产权性质企业职工人均薪酬均值} \quad (4.2)$$

$$OGAPM = \frac{管理层人均薪酬}{同行业同产权性质企业管理层人均薪酬均值} \quad (4.3)$$

$$IGAP = \frac{管理层人均薪酬}{职工人均薪酬} \quad (4.4)$$

其中，职工人均薪酬 = (支付给职工以及为职工支付的现金 - 董事、监事和高管货币薪酬总额)/(员工总人数 - 董事会人数 - 监事会人数 - 高管人数)。

管理层人均薪酬 = (董事、监事和高管货币薪酬总额)/(董事会人数 + 监事会人数 + 高管人数)。

（3）特征视角度量人力资本。在构造企业人力资本结构高级化指数时借鉴了刘智勇等（2018）的思想，具体构建过程如下：

①将企业员工根据教育背景分为高中以下、专科、本科和硕士以上 4 类，构建一组 4 维空间向量 $X_0 = (x_{0,1}, x_{0,2}, x_{0,3}, x_{0,4})$，空间向量的每个分量为人力资本比重。

②基准向量由基本单位向量组 $X_1 = (1, 0, 0, 0)$、$X_2 = (0, 1, 0, 0)$、$X_3 = (0, 0, 1, 0)$、$X_4 = (0, 0, 0, 1)$ 组成，分别测算空间向量 X_0 与它们的夹角 $\theta_j (j = 1, 2, 3, 4)$：

$$\theta_j = \arccos\left[\frac{\sum_{i=1}^{4}(x_{j,i} \times x_{0,i})}{(\sum_{i=1}^{4} x_{j,i}^2)^{\frac{1}{2}} \times (\sum_{i=1}^{4} x_{0,i}^2)^{\frac{1}{2}}}\right] \quad (4.5)$$

式（4.5）中 $X_j (j = 1, 2, 3, 4)$ 的第 i 个分量为 $x_{j,i}$，向量 X_0 的第 i 个分量为 $x_{0,i}$。

③计算 θ_j 的权重，测算人力资本结构高级化指数：

$$HS = \sum_{j=1}^{4}(W_j \times \theta_j)，W_j 为 \theta_j 的权重 \quad (4.6)$$

已有研究发现教育程度相对低的人力资本，其权重相对较高，为了便于公司之间进行比较，将硕士以上人力资本 θ_4 的权重 W_4 设定为 1，按照人力资本从高到低的权重 W_4、W_3、W_2、W_1 依次为 1、2、3、4。根据反余弦函数性质可知，当教育程度较高的人力资本所占比重上升非常快而教育程度较低的人力资本所占比重下降也非常快时。θ_j 会较大，因此 HS 越大表示人力资本结构高级化水平越高。

在求得人力资本结构高级化指数基础上，进一步构建相对同行业人力资本结构指数，该指数可以分析同行业内公司由于自身人力资本结构的差异对公司绩效的影响。该指标的构建借鉴了弗朗西斯等（Francis et al.，2016）构造相对同行业企业管理能力指标的思想，具体步骤如下：

依据 2012 年的证监会分类标准将样本内的企业归类到 19 个行业中，将同行业内的企业每年根据其 HS 按照递增顺序排名，依次赋值 0 到 $n-1$。根据式（4.7）计算每个企业相对同行业企业人力资本结构指数：

$$RPO_{i,t} = 1 - \frac{rank_{i,t}}{N_{i,t}} \qquad (4.7)$$

其中，$rank_{i,t}$ 表示公司 i 在 t 年根据当年的 HS 在同行业的排名，$N_{i,t}$ 表示公司 i 在 t 年同行公司总个数。

2. 其他控制变量

根据前人研究，企业绩效用 ROA 表示，表 4.1 对涉及的相关变量进行了界定和说明。

表 4.1　　　　　　　　　　　　变量说明表

变量符号		变量定义
被解释变量	ROA	$\dfrac{净利润}{（资产期末余额+资产期初余额）/2}$
解释变量 $human$	LS	人力资本成本占比由式（4.1）求得
	$OGAPW$	职工外部薪酬攀比（外部薪酬相对差），由式（4.2）求得
	$OGAPM$	管理层外部薪酬攀比（外部薪酬相对差），由式（4.3）求得
	HS	人力资本结构高级化指数，由式（4.5）和（4.6）求得
控制变量	lev	总负债/总资产
	pb	市净率

续表

变量符号		变量定义
控制变量	emp	员工人数的自然对数
	mv	流通市值自然对数
	Msholder	管理层持股比例
	size	总资产自然对数
	ID	独立董事占比
	Dual	两职兼任，1 表示董事长与总经理兼任，否则取 0
机制检验涉及变量	protection	劳动保护法，2008 年之后取 1，2008 年之前取 0
	epu	经济政策不确定性指数
	IGAPM	薪酬内部差，由式（4.4）求的
	confi	高管自信，前三名高管薪酬总额/高管薪酬总额
	HR	员工变化，$\dfrac{\text{员工人数}_t - \text{员工人数}_{t-1}}{\text{员工人数}_{t-1}}$
	R&D	研发投入/营业收入
	Labor productivity	劳动生产率，营业收入/员工人数
	TFP	索洛剩余

3. 实证分析模型

建立模型（4.8）检验人力资本对企业绩效的影响。具体来说，基于成本视角时，其核心解释变量为人力资本成本占比；基于攀比视角时，核心解释变量分别为普通员工外部薪酬攀比和管理层外部薪酬攀比；基于特征视角时，核心解释变量为人力资本结构高级化指数。控制变量的选择根据主解释变量的变化进行相应的调整。

$$ROA_{i,t} = \alpha_0 + \alpha_1 human_{i,t-1} + controls_{i,t-1} + \varepsilon_{i,t} \qquad (4.8)$$

模型（4.8）中 i 和 t 分别表示企业和年份，回归中控制了企业固定效应和年份固定效应，controls 表示控制变量。将核心解释变量滞后一期，理论上可以减轻内生性问题[①]。

---

① 如无特殊说明，后续模型设定中与此处做法相同。

4.3　实证结果分析

4.3.1　描述性统计

表 4.2 为主要变量的描述性统计结果。普通员工外部薪酬攀比系数（$OGAPW$）最大值和最小值分别为 121.5380 和 0.00004，均值为 1.0303，标准差为 2.2239，说明普通员工外部薪酬差距较大。管理层外部薪酬攀比系数（$OGAPM$）最大值和最小值分别为 11.8391 和 0.0204，不论是均值还是中位数均小于 1，说明较多公司的管理层薪酬低于同行业同产权性质企业组的平均水平，且管理层薪酬差异较大，因此管理层外部薪酬攀比的欲望较强。企业绩效的最大值为 10.0321、最小值为 − 1.7519，标准差为 0.1280，说明样本公司间绩效存在较大差异，初步说明从攀比角度探讨绩效差异诱因具有现实意义。人力资本成本占比（LS）的均值为 0.2590，最大值为 0.9991，最小值为 0.0022，说明企业间员工收入存在很大差距，这意味着企业间员工贫富差距可能会影响员工的工作积极性，在一定程度也反映了社会收入不公平的来源。人力资本结构高级化指数（HS）的均值为 10.1642，最大值为 12.8142，最小值为 9.4579，标准差为 0.7159，说明企业间人力资本结构水平差异性较大，因此研究其对公司的影响显得很有必要。

表 4.2　　　　　　　　　　　　描述性统计

变量	均值	中位数	最大值	最小值	标准差
普通员工攀比心理	1.0303	0.7612	121.5380	0.00004	2.2239
管理层攀比心理	0.9989	0.8113	11.8391	0.0204	0.7631
人力资本成本占比	0.2590	0.2422	0.9991	0.0022	0.1284
人力资本结构高级化	10.1642	9.8732	12.8142	9.4579	0.7159
企业盈利能力	0.0340	0.0307	10.0321	− 1.7519	0.1280
托宾 Q	2.4678	1.5095	14810.31	0.1528	71.5419

续表

变量	均值	中位数	最大值	最小值	标准差
全要素生产率	$-1.041287E-6$	0.0008	3.5122	-8.4878	0.5256
资产负债率	0.5203	0.4922	55.4086	0	0.7837
市净率	3.8032	2.8114	1646.39	-7315.8600	68.3431
员工规模	7.5957	7.6151	13.2227	2.5649	1.3642
流通市值	14.9124	14.9788	21.3178	10.7381	1.2794
管理层持股比例	0.0614	0.0001	0.8917	0	0.1448
总资产	21.8882	21.7549	28.5106	14.9374	1.3072
独立董事占比	0.3623	0.3333	0.8000	0	0.0590
两职兼任	0.1663	0	1	0	0.3651

表 4.3 为变量 Spearman 相关结果。企业绩效（ROA）与基于攀比视角和特征视角衡量的人力资本之间的相关系数显著为正，初步说明对于员工而言，攀比动机越小越有利发挥人力资本创造价值的积极作用，即随着员工整体人力资本素质的提升，将有利于促进企业绩效的提升。基于收入视角度量的人力资本与企业绩效之间负相关，说明人力资本水平的提升也会给企业带来成本方面的压力，当成本压力过大时会抵消人力资本积极作用带来的效用。

4.3.2 成本视角实证结果

表 4.4 和表 4.5 从不同角度报告了人力资本成本占比对企业绩效的影响。第（1）列报告了根据假设 H4－1 进行非线性检验的结果，发现人力资本成本占比与企业绩效之间呈 U 形关系，即刚开始随着人力资本成本的上升，其主要通过成本效益发挥作用会导致企业绩效的下降，随着人力资本成本继续上升，其会发挥倒逼企业转型升级的作用，从而能够提升企业绩效。至此假设 H4－1 被证明，人力资本成本占比与企业绩效之间是非线性的关系，即从成本角度发现人力资本在创造价值方面具有双重属性。

表4.3 相关性统计

	OGAPW	OGAPM	LS	HS	ROA	Tobin's Q	TFP	lev	Pb	emp	mv	Msholder	size	ID	Dual
OGAPW	1.0000														
OGAPM	0.2882 <0.0001	1.0000													
LS	0.0792 <0.0001	-0.0362 <0.0001	1.0000												
HS	0.3267 <0.0001	0.0614 <0.0001	-0.1184 <0.0001	1.0000											
ROA	0.2193 <0.0001	0.0883 <0.0001	-0.2735 <0.0001	0.0756 <0.0001	1.0000										
Tobin's Q	0.1085 <0.0001	0.2019 <0.0001	-0.3885 <0.0001	0.0269 <0.0001	0.1621 <0.0001	1.0000									
TFP	0.0863 <0.0001	-0.0813 <0.0001	0.1216 <0.005	0.0369 <0.0002	-0.1229 <0.0001	0.1909 <0.0001	1.0000								
lev	-0.1034 <0.0001	0.0097 <0.1	0.0113 <0.05	-0.0082 <0.4	0.0902 <0.0001	-0.3147 <0.0001	-0.3162 <0.0001	1.0000							
pb	0.0313 <0.0001	-0.0899 <0.0001	0.0495 <0.0001	0.0582 <0.0001	-0.0726 <0.0001	0.1955 <0.0001	0.8143 <0.0001	-0.1076 <0.0001	1.0000						

续表

	OGAPW	OGAPM	LS	HS	ROA	Tobin's Q	TFP	lev	Pb	emp	mv	Msholder	size	ID	Dual
emp	-0.1475 <0.0001	0.2349 <0.0001	0.2029 <0.0001	-0.1863 <0.0001	-0.0079 <0.1	0.0402 <0.0001	-0.3243 <0.0001	0.2575 <0.0001	-0.3063 <0.0001	1.0000					
mv	0.2601 <0.0001	0.2739 <0.0001	0.0141 <0.02	0.1966 <0.0001	0.0993 <0.0001	0.0630 <0.0001	0.1875 <0.0001	0.0752 <0.0001	-0.0518 <0.0001	0.4356 <0.0001	1.0000				
Msholder	0.0153 <0.001	0.0273 <0.0001	-0.0319 <0.0001	-0.0596 <0.0001	0.0488 <0.0001	0.1334 <0.0001	-0.1867 <0.0001	0.0069 <0.19	-0.0873 <0.0001	0.1591 <0.0001	-0.0095 <0.01	1.0000			
size	0.1558 <0.0001	0.3334 <0.0001	-0.1064 <0.0001	0.0524 <0.0001	0.2278 <0.0001	-0.0329 <0.0001	-0.3988 <0.0001	0.3255 <0.0001	-0.4472 <0.0001	0.6379 <0.0001	0.7541 <0.0001	0.1368 <0.0001	1.0000		
ID	0.1013 <0.0001	0.0298 <0.0001	0.0978 <0.0001	0.0503 <0.0001	-0.0091 <0.01	-0.0153 <0.002	0.0417 <0.0001	-0.0157 <0.002	-0.0598 <0.0001	-0.0043 <0.38	0.2734 <0.0001	-0.0049 <0.35	0.1461 <0.0001	1.0000	
Dual	0.0411 <0.0001	-0.0574 <0.0001	-0.0041 <0.5	0.0138 <0.2	-0.0182 <0.001	0.0557 <0.0001	0.1206 <0.0001	-0.1538 <0.0001	0.1278 <0.0001	-0.1272 <0.0001	-0.0651 <0.0001	-0.0425 <0.0001	-0.1559 <0.0001	0.1097 <0.0001	1.0000

表4.4　　　　　　　　　　人力资本成本占比与企业绩效

变量	全样本 (1)	全样本 (2)	国有企业 (3)	非国有企业 (4)	制造业行业 (5)	非制造业行业 (6)
人力资本成本占比平方	0.0002 ** (3.24)					
人力资本成本占比	-0.0106 *** (-3.66)	-0.1512 *** (-30.97)	-0.1451 *** (-24.97)	-0.1495 *** (-18.01)	-0.1889 *** (-27.07)	-0.1173 *** (-16.10)
前十大股东持股比例	0.1032 *** (13.42)	0.1059 *** (27.49)	0.0948 *** (18.38)	0.1023 *** (16.62)	0.0949 *** (19.16)	0.1215 *** (18.82)
总资产对数	-0.0099 *** (-6.34)	-0.0211 *** (-26.91)	-0.0191 *** (-18.44)	-0.02159 *** (-16.30)	-0.0276 *** (-24.86)	-0.017 *** (-13.38)
流通市值对数	0.0074 *** (5.12)	0.0124 *** (17.30)	0.0127 *** (13.10)	0.0124 *** (10.40)	0.0139 *** (14.87)	0.0122 *** (9.79)
资产负债率	-0.06405 *** (-37.87)	-0.0091 *** (-10.77)	-0.01214 *** (-12.41)	-0.0042 ** (-2.95)	-0.0094 *** (-9.63)	-0.0103 *** (-5.79)
托宾Q	0.0046 *** (17.87)	2.3669 * (1.84)	17.8596 *** (4.41)	-2.1566 (-1.19)	-11.6233 *** (-4.60)	6.1302 ** (2.74)
市盈率	-0.0002 (-0.10)	0.0007 (0.63)	-0.1372 *** (-9.97)	0.0019 (1.19)	-0.0394 *** (-5.71)	0.0018 (1.39)
Firm-fe	Y	Y	Y	Y	Y	Y
Time-fe	Y	Y	Y	Y	Y	Y
调整 R^2	0.2080	0.3935	0.4377	0.3543	0.4523	0.3033
观测值	25408	25408	11323	13635	15017	10391

注：括号内为 T 统计量，*** 表示1%的显著性水平，** 表示5%的显著性水平，* 表示10%的显著性水平。

表4.5　　　　　　人力资本成本占比与企业绩效（分类检验）

变量	(1)	变量	(2)	一线 (3)	新一线 (4)	二线 (5)
人力资本成本占比×制造业哑变量	-0.0012 ** (-2.02)	人力资本成本占比×劳动密集度	-0.0235 *** (-3.36)			
人力资本成本占比	-0.1004 *** (-32.22)	人力资本成本占比	-0.1408 *** (-24.01)	-0.1226 *** (-15.39)	-0.1563 *** (-19.48)	-0.1653 *** (-17.23)

续表

变量	（1）	变量	（2）	一线（3）	新一线（4）	二线（5）
制造业哑变量	0.0059 *** （8.35）	前十大股东 持股比例	0.1059 *** （27.46）	0.1084 *** （15.80）	0.1074 *** （18.96）	0.1016 *** （14.45）
前十大股东持 股比例	0.0892 *** （38.75）	总资产对数	− 0.0211 *** （− 26.66）	− 0.0178 *** （− 12.35）	− 0.0203 *** （− 16.26）	− 0.0241 *** （− 16.77）
总资产对数	− 0.0154 *** （− 29.72）	流通市值对数	0.0124 *** （17.25）	0.0114 *** （8.52）	0.0094 *** （8.72）	0.0134 *** （10.31）
流通市值对数	0.0223 *** （37.87）	资产负债率	− 0.0091 *** （− 10.79）	− 0.0125 *** （− 5.07）	− 0.0139 *** （− 3.48）	− 0.0087 *** （− 8.95）
资产负债率	− 0.01317 *** （− 15.80）	托宾 Q	2.3311 * （1.81）	4.225 （1.00）	1.8016 （0.85）	1.5698 （1.05）
托宾 Q	4.3144 ** （3.17）	市盈率	0.0007 （0.66）	0.0015 （1.47）	− 0.0912 *** （− 5.87）	− 0.0309 *** （− 3.62）
市盈率	− 0.0017 （− 1.4）	劳动密集度哑 变量	0.0067 *** （3.24）			
$Firm - fe$	N	$Firm - fe$	Y	Y	Y	Y
$Time - fe$	Y	$Time - fe$	Y	Y	Y	Y
调整 R^2	0.1730	调整 R^2	0.3937	0.3489	0.4248	0.4201
观测值	25408	观测值	25408	8992	10713	7422

注：括号内为 T 统计量，*** 表示 1% 的显著性水平，** 表示 5% 的显著性水平，* 表示 10% 的显著性水平。

鉴于当前宏观层面有关劳动成本变化趋势及其经济效益的研究，如郭晗和任保平（2011）基于宏观数据研究也发现当前中国劳动收入份额与经济发展之间呈 U 形关系，且主要集中在左半边，进一步对人力资本成本占比与企业绩效进行了线性检验［第（2）列］，发现呈负相关关系，且调整 R^2 上升，因此在后续分析中主要基于线性视角探索。

当前中国制造业和劳动密集型企业还主要是依赖丰富的劳动力资源，而人力资本成本占比主要衡量了企业对人力资本的投资，因此进一步根据企业产权性质、行业特征等进行分类检验。表 4.4 第（3）列和第（4）列根据产权性质将企业分为国有企业和非国有企业，发现人力资本成本占比与企业绩效的负相关关系与企业产权性质无关；表 4.5 第（3）列、第（4）列、第（5）列报告了将样本根据企业办公所在地分类检验的结果，发现人力资本成本占比对企业绩效的影响与企业所处区域无关。

表 4.4 第（5）列和第（6）列报告了根据行业特征分为制造业行业和非制造业行业的回归结果，发现制造业行业的回归系数更大，进一步将制造业行业设为 1，非制造业行业设为 0，在回归中加入哑变量与人力资本成本占比的交乘项，发现相对于非制造业行业，制造业行业中人力资本成本占比对企业绩效的负面影响更显著［表 4.5 第（1）列］；根据企业劳动密集程度将样本分为两类，每年求出每个企业的劳动密集度，将样本中高于劳动密集度中位数的企业定义为劳动密集度高的样本组，设为 1，将样本中低于劳动密集度中位数的企业定义为劳动密集度低的样本组，设为 0，回归结果见表 4.5 第（2）列，发现在劳动密集度高的样本中，人力资本成本占比对企业绩效的负面影响更显著。至此发现在制造业行业中和劳动密集型企业中从成本视角看人力资本在创造价值中主要表现为负面影响，即人力资本成本效应占主导。

综上所述，发现人力资本成本占比与企业绩效之间呈 U 形关系，但当前主要集中在 U 形的左半边，即主要表现出负相关关系，且这种负相关关系与企业产权性质、企业所处区域无关，受行业性质和劳动密集度的影响。也就是说从企业对人力资本投资的角度发现人力资本在创造价值方面还是成本效应占主导，但是随着企业对人力资本的继续投资，人力资本创造价值的积极作用会占据主导。

4.3.3 攀比视角实证结果

1. 外部薪酬攀比与企业绩效

表 4.6 中第（1）列至第（3）列分别报告了普通员工和管理层人力资本创造价值的回归结果。普通员工和管理层，外部薪酬攀比回归系数显著为正，说明不论是普通员工还是管理层，外部薪酬攀比动机越小越有利于发挥人力资本提升企业绩效的作用。假设 H2 得证，即不论是管理层还是普通员工其外部薪酬攀比动机越小，感受到的外部薪酬公平感越高，越有利于人力资本发挥提升企业绩效的积极作用。

表 4.6　攀比心理影响下人力资本与企业绩效

变量	(1)	(2)	(3)	(4) 国企	(5) 非国企	(6) 国企	(7) 非国企	(8) 国企	(9) 非国企
普通员工攀比心理	0.0019*** (3.29)		0.0019*** (4.67)	-0.0009 (-1.19)	0.0036*** (6.66)			0.0001 (0.41)	0.0037*** (6.78)
管理层攀比心理		0.0192*** (7.69)	0.0191*** (7.65)			0.0159*** (8.48)	0.0210*** (5.40)	0.0159*** (8.48)	0.0208*** (5.37)
资产负债率	-0.1124*** (-17.89)	-0.0292*** (-18.63)	-0.0293*** (-18.11)	-0.1313*** (-14.55)	-0.0286*** (-13.65)	-0.0111*** (-7.60)	-0.0288*** (-13.62)	-0.0111*** (-7.60)	-0.0293*** (-13.88)
市净率	0.0005*** (15.73)	0.0001*** (3.28)	0.0001*** (3.30)	0.0029*** (36.52)	0.00004* (1.84)	0.0001** (2.29)	0.00004* (1.79)	0.0001** (2.28)	0.00004* (1.84)
员工规模	-0.0160*** (-6.01)	-0.0153*** (-8.27)	-0.0137*** (-7.29)	-0.0279*** (-7.00)	-0.0088*** (-3.41)	-0.0124*** (-8.14)	-0.0119*** (-4.58)	-0.0123*** (-7.83)	-0.0094*** (-3.56)
流通市值	0.0311*** (10.62)	0.0304*** (14.84)	0.0302*** (14.76)	0.0202*** (4.75)	0.0391*** (12.82)	0.0270*** (16.00)	0.0382*** (12.44)	0.0269*** (15.99)	0.0377*** (12.30)
管理层持股	0.0813*** (3.36)	0.0988*** (5.87)	0.0997*** (5.93)	0.5289*** (4.54)	0.1128*** (6.18)	0.2596*** (5.66)	0.1035*** (5.64)	0.2597*** (5.76)	0.1055*** (5.76)
总资产	-0.0066** (2.01)	-0.0023 (-0.98)	-0.0030 (-1.29)	0.0151*** (3.18)	-0.0132*** (3.93)	0.0062*** (3.26)	-0.0164*** (-4.72)	0.0061*** (3.21)	-0.0176*** (-5.08)
独立董事	-0.0758** (-2.28)	-0.0014 (-0.06)	-0.0010 (-0.04)	-0.1016** (-2.26)	-0.0301 (-0.86)	0.0662*** (3.71)	-0.0402 (-1.13)	0.0663*** (3.72)	-0.0422 (-1.19)
两职兼任	-0.0157*** (-3.26)	-0.0073* (-2.16)	-0.0074* (-2.20)	-0.0224*** (-2.80)	-0.0186*** (-4.37)	0.0089*** (2.85)	-0.0201*** (-4.69)	0.0089*** (2.85)	-0.0204*** (-4.76)
$Firm-time\,fe$	Y	Y	Y	Y	Y	Y	Y	Y	Y
调整 R^2	0.2718	0.2370	0.2380	0.5011	0.2625	0.2535	0.2607	0.2534	0.1219

注：括号内为 T 统计量，*** 表示 1% 的显著性水平，** 表示 5% 的显著性水平，* 表示 10% 的显著性水平。

表 4.6 第（4）列到第（9）列报告了不同产权性质下普通员工和管理层人力资本创造价值的回归结果。从中可以看出，仅在非国有企业中，普通员工外部薪酬攀比回归系数显著为正，说明相对于国有企业，非国有企业员工对外部薪酬环境更敏感，而国有企业由于特殊的制度环境其员工对外部薪酬环境不敏感。管理层人力资本创造价值与企业产权性质无关。通过第（8）列和第（9）列我们发现管理层相对普通员工对外部薪酬环境更敏感，更在乎收入分配公平感。这意味着，区分不同群体研究人力资本价值创造非常必要。至此，假设 H3 得证，即相对于管理层，普通员工人力资本价值创造功能受企业产权性质影响更大。

鉴于各地经济发展水平及人才环境存在差异性，进一步将上市公司根据办公所在地划分为三类，划分标准依据新一线城市研究所对城市的分类①。其中一线城市为北京、上海、广州和深圳，共 1125 家上市公司，新一线城市共 15 个，合计 1219 家上市公司，二线城市共 30 个，合计 859 家上市公司，实证结果见表 4.7。从中可以看出，一线城市中普通员工外部薪酬攀比对企业绩效的影响不显著，即在一线城市普通员工攀比心理不影响人力资本创造价值，这可能与一线城市劳动力市场中有充裕的劳动力供给有关。管理层外部薪酬攀比对企业绩效的影响与地区无关，即管理层作为公司关键人员，其攀比心理显著影响人力资本创造价值的功能。

2. 攀比心理同步性或非同步性对人力资本创造价值的影响

表 4.8 中第（1）列和第（4）列分别报告了管理层和普通员工攀比心理同步性和非同步影响下人力资本创造价值的回归结果，第（1）列中管理层外部薪酬相对差系数为正，第（4）列中管理层和普通员工外部薪酬相对差系数都显著为正，说明攀比心理存在差异性时更有利于发挥人力资本的价值创造能力。第（2）列显示，在管理层和普通员工的攀比心理都较弱的情况下，管理层和普通员工的人力资本都没有发挥积极的创造价值的作用。第（3）列显示，在管理层和普通员工攀比心理都比较强的情况下，管理层的人力资本发挥了创造价值的作用。第（5）列显示，在普通员工攀比心理较弱（职工薪酬高于行业均值）而管理层攀比心理较强

---

① 一线城市：北京、上海、广州、深圳；新一线城市：成都、杭州、武汉、南京、重庆、天津、苏州、西安、长沙、沈阳、青岛、郑州、大连、东莞、宁波；二线城市：厦门、福州、无锡、合肥、昆明、哈尔滨、济南、佛山、长春、温州、石家庄、南宁、常州、泉州、南昌、贵阳、太原、金华、珠海、惠州、徐州、烟台、嘉兴、南通、乌鲁木齐、绍兴、中山、台州、兰州、海口。

表 4.7　攀比心理与企业绩效（分区检验）

变量	一线城市			新一线城市			二线城市		
普通员工攀比心理	0.0012 (1.52)		0.0011 (1.50)	0.0056*** (13.34)		0.0056*** (13.28)	0.0030*** (3.95)		0.0026*** (3.56)
管理层攀比心理		0.0077** (2.98)	0.0077** (2.96)		0.0093*** (4.49)	0.0088*** (4.27)		0.0216*** (12.66)	0.0214*** (12.55)
资产负债率	-0.1041*** (-28.63)	-0.1043*** (-28.67)	-0.1042*** (-28.66)	-0.1815*** (-13.38)	-0.1813*** (-13.48)	-0.1813*** (-13.82)	0.0023** (2.85)	0.0023*** (2.86)	0.0019** (2.38)
市净率	-0.00003 (-1.58)	-0.00003 (-1.63)	-0.00003 (-1.63)	-0.0144 (-0.52)	-0.0187 (-0.67)	-0.0183 (-0.06)	-0.0565* (-1.81)	-0.0697** (-2.25)	-0.0695** (-2.25)
员工规模	-0.0101*** (-4.03)	-0.0090*** (-3.82)	-0.0103*** (-4.10)	-0.0051*** (-3.02)	-0.0106*** (-6.41)	-0.0056*** (-3.35)	-0.0063*** (-4.28)	-0.0080*** (-5.57)	-0.0072*** (-4.91)
流通市值	0.0049** (2.39)	0.0048** (2.36)	0.0047** (2.32)	0.0190*** (5.50)	0.0190*** (5.48)	0.0190*** (5.54)		0.0163*** (5.15)	0.0162*** (5.03)
管理层持股	0.1248*** (5.30)	0.1291*** (5.48)	0.1281*** (5.44)	0.0531*** (2.95)	0.0559*** (3.09)	0.0548*** (3.04)	0.0737*** (3.76)	0.0750*** (3.85)	0.0752*** (3.87)
总资产	0.0169*** (5.39)	0.0152*** (4.92)	0.0161*** (5.11)	0.0698*** (5.92)	0.0653*** (5.51)	0.0698*** (5.92)	0.0371*** (3.53)	0.0354*** (3.40)	0.0370*** (3.55)
独立董事	0.0042 (0.90)	0.0036 (0.78)	0.0037 (0.77)	0.0003** (2.17)	0.0003** (2.14)	0.0003** (2.24)	0.0002** (3.22)	0.0002*** (3.62)	0.0002*** (3.37)
两职兼任	-0.0063 (-0.21)	-0.0046 (0.16)	-0.0063 (-0.21)	-0.0137* (-1.74)	-0.0124 (-1.40)	-0.0148 (-1.62)	-0.0027* (-1.75)	-0.0047*** (-3.05)	-0.0052*** (-3.35)
$Firm-time\ fe$	Y	Y	Y	Y	Y	Y	Y	Y	Y
调整 R^2	0.2861	0.2138	0.2867	0.3553	0.3483	0.3560	0.4267	0.4346	0.4352

注：括号内为 T 统计量，*** 表示 1% 的显著性水平，** 表示 5% 的显著性水平，* 表示 10% 的显著性水平。

表 4.8　　　攀比心理同步性或非同步性影响下人力资本与企业绩效

变量	(1) 同步	(2) 都大于1	(3) 都小于1	(4) 非同步	(5) 员工大于1高管小于1	(6) 员工小于1高管大于1
普通员工攀比心理	0.0001 (0.08)	− 0.0039 * (− 1.82)	− 0.0080 (− 1.36)	0.0014 * (1.86)	0.0014 * (1.88)	− 0.0319 ** (− 2.15)
管理层攀比心理	0.0173 *** (8.20)	0.0019 (0.25)	0.0229 *** (3.62)	0.0265 ** (2.96)	0.0265 ** (2.64)	0.0327 ** (2.74)
资产负债率	− 0.0295 *** (− 18.73)	− 0.2277 *** (− 5.20)	− 0.0292 *** (− 18.36)	− 0.0373 *** (− 9.33)	− 0.0372 *** (− 8.99)	− 0.1619 *** (− 4.23)
市净率	0.0001 *** (2.93)	0.0053 ** (2.69)	0.0001 *** (2.93)	0.0001 ** (1.99)	0.0001 ** (1.93)	0.0024 (1.18)
员工规模	− 0.0209 *** (− 11.71)	− 0.0017 (− 0.23)	− 0.0210 *** (− 11.34)	− 0.0062 (− 1.14)	− 0.0073 (− 1.24)	− 0.0087 (− 1.49)
流通市值	0.0239 *** (13.85)	0.0117 (1.39)	0.0234 *** (13.28)	0.0383 *** (5.97)	0.0388 *** (5.63)	0.0221 *** (3.34)
管理层持股	0.1120 *** (7.69)	− 0.0914 (− 0.89)	0.1176 *** (7.92)	0.0837 (1.59)	0.0846 (1.53)	0.0837 (0.65)
总资产	0.0176 *** (8.82)	0.0062 (0.43)	0.0186 *** (9.09)	− 0.0379 *** (− 4.70)	− 0.0387 *** (− 4.46)	0.0064 (0.58)
独立董事	− 0.0072 (− 0.38)	0.1431 * (1.70)	− 0.0081 (− 0.41)	− 0.0277 (− 0.38)	− 0.0198 (− 0.25)	− 0.0853 (− 1.59)
两职兼任	− 0.0035 (− 1.28)	0.0080 (0.70)	− 0.0035 (− 1.25)	− 0.0108 (− 0.98)	− 0.0120 (− 1.01)	0.0124 (1.16)
$Firm - fe$	Y	Y	Y	Y	Y	Y
$Time - fe$	Y	Y	Y	Y	Y	Y
调整 R^2	0.2289	0.4931	0.2207	0.2902	0.2874	0.5951

注：括号内为 T 统计量，*** 表示1%的显著性水平，** 表示5%的显著性水平，* 表示10%的显著性水平。

（薪酬低于行业均值）的情况下人力资本发挥了积极的创造价值的作用，第（6）列报告了普通员工攀比心理较强（职工薪酬低于行业均值）而管理层攀比心理较弱（管理层薪酬高于行业均值）的结果，发现管理层人力资本发挥了创造价值的积极作用，普通员工人力资本在创造价值中发挥了负面影响，说明普通员工攀比心理更严重，尤其是当其发现公司管理层薪酬高于行业均值，而自身薪酬低于行业均值时，其薪酬攀比动机越强，人力资本创造价值的负面影响更大。同步性检验说明，相比普通员工，管理层攀比心理有助于其人力资本在创造价值中发挥积极作用，而普通员工攀比心理使得人力资本在创造价值中的负面作用凸显。

3. 攀比心理影响人力资本创造价值的门槛检验

进一步，为探索攀比心理在影响人力资本价值创造中是否具有门槛效应，我们建立模型（4.9）进行检验。为确定门槛的个数，我们分别在不存在门槛、一个门槛和两个门槛的设定下对模型进行估计。结果发现，普通员工攀比心理存在单一门槛，管理层攀比心理存在双重门槛，相应的自抽样 P 值见表4.9。

$$ROA_{i,t} = \alpha_0 + \alpha_1 OGAP_{i,t-1} \cdot I(OGAP \leq \gamma) + \alpha_2 OGAP_{i,t-1} \cdot$$
$$I(OGAP > \gamma) + \sum a_k controls_{i,t} + \varepsilon_{i,t} \quad (4.9)$$

表4.9　　　　　　　　　　攀比心理门槛值检验结果

变量	门槛值	F 值	P 值	Bootstrap	1% 临界值	5% 临界值	10% 临界值
普通员工攀比	0.4937	19.33	0.0300	200	24.4902	17.5751	13.4633
管理层攀比_1	0.3906	26.00	0.0000	200	20.1441	15.1816	12.4862
管理层攀比_2	0.7692	27.88	0.0000	200	22.1020	16.2099	13.1105

表4.10报告了门槛检验结果。通过第（1）列发现，对于普通员工，当外部薪酬攀比系数高于0.4937时，有助于发挥人力资本积极的价值创造功能，且攀比动机越小越有利于发挥人力资本在创造价值方面的积极作用。第（2）列中管理层外部薪酬攀比存在两个门槛值，整体上当管理层攀比心理系数（管理层薪酬相对于行业均值）高于0.7692时，管理层人力资本对企业绩效产生正影响；当外部薪酬攀比系数低于0.7692时，管理层人资本对企业绩效（外部薪酬攀比）回归系数负显著，意味着管理层严重攀比行为会使人力资本在创造价值方面发挥负面作用。

表 4.10　　　　　　　　攀比心理与企业绩效门槛回归结果

变量	普通员工（1）	管理层（2）
普通员工攀比_1（普通员工攀比≤0.4937）	-0.0008 （-0.50）	
普通员工攀比_2（普通员工攀比>0.4937）	0.0665 *** （3.97）	
管理层攀比_1（管理层攀比≤0.3906）		-0.1717 *** （-5.68）
管理层攀比_2（0.3906<管理层攀比≤0.7692）		-0.0299 ** （-2.90）
管理层攀比_3（管理层攀比>0.7692）		0.0121 *** （3.01）
资产负债率	-0.2336 *** （-10.66）	-0.2198 *** （-10.46）
市净率	0.0025 ** （2.74）	0.0030 *** （3.55）
员工规模	0.0009 （0.18）	0.0003 （0.07）
流通市值	0.0076 ** （2.34）	0.0061 * （1.97）
管理层持股	0.1281 *** （5.90）	0.1109 *** （5.31）
总资产	0.0023 （0.95）	0.0032 （0.14）
独立董事	-0.0137 ** （-2.12）	-0.0139 ** （-2.23）
两职兼任	-0.1021 ** （-2.31）	-0.1058 ** （-2.41）
残差	0.0091 （0.16）	0.0215 （0.39）
组内 R^2	0.2508	0.3080
组间 R^2	0.3025	0.4182
整体 R^2	0.2367	0.3215

注：括号内为 T 统计量，*** 表示 1% 的显著性水平，** 表示 5% 的显著性水平，* 表示 10% 的显著性水平。

4.3.4　特征视角实证结果

表4.11报告了假设H5和H6的结论。第（1）列显示 *HS* 的系数显著为正，说明企业整体人力资本结构高级化有利于提升企业绩效。第（2）列和第（3）列报告了按国泰安企业性质分类标准将全样本分为国企和民企两组的实证结论，其 *HS* 系数都显著为正，但是民营企业中人力资本结构高级化对企业成长影响的显著性水平更高。

为进一步论证人力资本结构水平与企业成长的关系，我们构造了相对同行业人力资本结构指数 *RPO*，根据 *RPO* 计算过程可知，*RPO* 越高表明企业人力资本结构水平相对同行业企业越低，例如，企业 A 在 2011 年具有同行业企业 10 家，如果 A 的 *HS* 在当年的排名是第 2 名，则 A 的 *RPO* 得分应该是 0.9，如果 A 的 *HS* 在当年的排名是第 8 名，其 *RPO* 的得分应该是 0.3。结合假设 H5 的结论，*RPO* 的估计系数应为负才能与假设 H5 的结论保持一致。表 3 第（4）列的 *RPO* 显著为负，说明相对同行业企业，企业人力资本结构水平越高越有利于企业成长。综上所述，企业人力资本结构高级化有助于企业发展和提高企业绩效，且这种关系在民营企业中更显著。

表4.11　　　　　　　　　**人力资本结构高级化与企业绩效**

解释变量	（1）企业绩效	（2）国企绩效	（3）民企绩效	解释变量	（4）企业绩效
人力资本结构高级化水平	0.2905 *** (5.76)	0.0927 * (1.75)	0.2911 ** (2.88)	相对同行业人力资本结构水平	− 0.4122 *** (− 3.65)
资产负债率	1.3201 *** (12.11)	− 1.6037 *** (− 10.93)	3.1206 *** (17.72)	资产负债率	1.4485 *** (12.31)
公司规模	− 0.0002 *** (− 22.27)	− 0.0002 (− 0.65)	− 0.0002 *** (− 15.28)	公司规模	− 0.0002 *** (− 21.06)
资产增长	− 0.0028 (− 1.31)	− 0.0079 *** (− 3.00)	0.0034 (1.03)	资产增长	− 0.0025 (− 1.12)

解释变量	(1) 企业绩效	(2) 国企绩效	(3) 民企绩效	解释变量	(4) 企业绩效
净资产收益率	0.0022 *** (3.41)	0.0105 *** (10.79)	0.0021 ** (2.12)	净资产收益率	0.0024 *** (3.34)
调整 R^2	0.5099	0.5996	0.4328	调整 R^2	0.5065
Firm – fe	Y	Y	Y	*Firm – fe*	Y
Time – fe	Y	Y	Y	*Time – fe*	Y

注：括号内为 T 统计量，*** 表示1%的显著性水平，** 表示5%的显著性水平，* 表示10%的显著性水平。

4.3.5　拓展性分析

我们从三个不同视角分析人力资本价值创造功能，为了探讨这三个指标之间的关系，我们进一步做了拓展分析，回归结果见表4.12，从中可以看出，随着人力资本成本占比的上升，人力资本结构水平会提升，企业中普通员工攀比动机下降，但是对管理层攀比心理无影响。前面的分析表明，随着人力资本结构水平的提升和普通员工攀比动机的降低，人力资本在创造价值中更能发挥积极作用，这说明虽然从当前人力资本成本占比角度看人力资本对企业绩效主要呈现负影响，但是随着人力资本水平的进一步提升，人力资本的积极作用会凸显出来，也说明了人力资本与企业绩效之间实际属于非线性的关系。

表4.12　　　　人力资本成本占比、人力资本结构与攀比心理

变量	人力资本结构	普通员工外部薪酬攀比	管理层外部薪酬攀比
人力资本成本占比	0.0108 * (1.75)	0.0378 ** (2.98)	-0.0089 (-1.53)
资产负债率	-0.2358 *** (-7.08)	-0.3294 *** (-5.24)	-0.3196 *** (-11.27)
市净率	0.0012 *** (5.46)	0.0011 ** (2.04)	0.0002 (1.00)
员工人数自然对数	-0.2288 *** (-25.79)	-0.4752 *** (-45.11)	0.0333 *** (6.94)

续表

变量	人力资本结构	普通员工外部薪酬攀比	管理层外部薪酬攀比
流通市值对数	0.0102 * (1.79)	0.1658 *** (9.34)	0.04248 *** (6.67)
前十大股东持股比例	−0.0002 (−0.34)	0.0018 ** (2.48)	−0.0024 *** (−7.13)
总资产自然对数	0.2295 *** (23.75)	0.3538 *** (20.55)	0.1373 *** (22.32)
独立董事占比	0.0295 (0.34)	−0.1089 (−0.54)	−0.0748 (−0.81)
两职兼任	0.0156 (1.36)	−0.0065 (−0.24)	−0.0043 (−0.35)
$Firm-fe$	Y	N	N
$Time-fe$	N	Y	N
调整 R^2	0.8870	0.0987	0.1325
观测值	7827	20464	20464

注：括号内为 T 统计量，*** 表示1%的显著性水平，** 表示5%的显著性水平，* 表示10%的显著性水平。

4.4　稳健性检验

4.4.1　成本视角稳健性检验

1. 重新度量人力资本成本占比

按照式（4.10）重新测算企业层面的人力资本成本占比，再对人力资本成本占比和企业绩效进行回归，结果见表4.13，从成本视角来看当前成本效应掩盖了激励效应，使得人力资本促进企业绩效的积极功能被暂时遮掩。

$$人力资本成本占比 = \frac{支付给职工以及为职工支付的现金}{营业收入-营业成本} \tag{4.10}$$

表 4.13　　　　　　　　人力资本成本占比与企业绩效稳健性检验

变量	ROA	最低工资作为工具变量	第一阶段回归	第二阶段回归
人力资本成本占比	-0.0007 *** (-3.24)	IV	0.0034 ** (2.21)	
		人力资本成本占比		-0.7686 ** (-2.18)
前十大股东持股比例	0.0816 *** (19.22)	前十大股东持股比例	-0.0587 *** (-6.29)	0.0315 (1.24)
总资产对数	-0.0062 *** (-6.50)	总资产对数	-0.0175 *** (-4.05)	-0.0159 (-1.28)
流通市值对数	0.0168 *** (15.40)	流通市值对数	0.0035 (0.51)	0.0138 (1.46)
资产负债率	-0.05123 *** (-33.23)	资产负债率	0.0028 (0.69)	-0.0525 (-1.55)
托宾 Q	0.0043 *** (16.97)	托宾 Q	0.0008 (1.36)	0.0053 (1.46)
市盈率	-0.0031 (-1.36)	市盈率	0.0008 (1.55)	0.0003 (1.21)
$Firm-fe$	N			
$Time-fe$	Y			
调整 R^2	0.0859	Wald chi2	230.74	
观测值	25403			

注：括号内为 T 统计量，*** 表示 1% 的显著性水平，** 表示 5% 的显著性水平，* 表示 10% 的显著性水平。

2. 内生性检验

虽然在前面分析中通过将所有解释变量滞后一期以避免内生性，但为保证结果的稳健性，进一步采用两步最小二乘检验内生性，选择企业所在地的最低工资作为衡量人力资本成本占比的工具变量，由于各地最低工资颁布实施的不一致性，为保证数据连续性，在内生性检验中样本时间段为 2003 ~ 2018 年。首先分离出人力资本成本占比的度量指标，然后分析分离出的人力资本成本占比对企业绩效的影响，回归结果见表 4.13，从中可以看出，人力资本成本占比回归系数为负且显著，说明研究结论比较稳健。

4.4.2　攀比视角稳健性检验

1. 内生性检验

为保证模型的稳健性，采用两步最小二乘检验内生性，参照格罗夫斯等（Groves et al.，1994）、王新等（2015）、陈霞等（2017）的做法，将外部薪酬差滞后两期作为衡量外部薪酬攀比的工具变量。在稳健性检验中借鉴刘春和孙亮（2010）、黄辉（2012）的做法，控制了年份固定效应和行业固定效应。首先分离出普通员工或管理层的外部薪酬差度量指标，然后分析分离出的外部薪酬差对企业绩效的影响，回归结果见表4.14。从中可以看出，不论是否控制行业效应和时间效应，外部薪酬攀比系数的符号保持为正且显著，证明在考虑内生性后研究结论仍然成立。

表 4.14　　　　攀比心理影响下人力资本与企业绩效内生性检验

变量	第一阶段	第二阶段	第一阶段	第二阶段	第一阶段	第二阶段	第一阶段	第二阶段
IV	0.4175 *** (5.27)				0.4060 *** (5.20)			
普通员工攀比		0.0020 *** (3.30)				0.0009 * (1.71)		
IV			0.8241 *** (12.31)				0.8097 *** (16.89)	
管理层攀比				0.0207 *** (7.49)				0.0171 *** (5.62)
资产负债率	0.0415 (1.36)	−0.0143 (−1.26)	−0.0010 (−0.29)	−0.0140 (−1.26)	0.0549 (1.51)	−0.0142 (−1.27)	0.0004 (0.13)	−0.0141 (−1.28)
市净率	−0.0001 (−0.42)	0.0001 (0.81)	−0.0001 (−1.65)	0.0001 (0.83)	−0.0001 (−0.30)	0.0001 (0.79)	−0.0001 (−1.56)	0.0001 (0.80)
员工规模	−0.3886 *** (−7.07)	0.0003 (0.27)	0.0049 (1.64)	−0.0017 (−1.37)	−0.5279 *** (−7.65)	−0.0029 * (−1.66)	−0.0017 (−0.51)	−0.0038 ** (−2.32)
流通市值	0.0306 (1.61)	0.0240 *** (10.99)	0.0097 ** (3.02)	0.0229 *** (10.97)	0.1136 *** (3.93)	0.0393 *** (10.35)	0.0382 *** (7.59)	0.0362 *** (10.46)

续表

变量	第一阶段	第二阶段	第一阶段	第二阶段	第一阶段	第二阶段	第一阶段	第二阶段
管理层持股	-0.0382 (-0.56)	0.0448*** (5.88)	0.1073*** (8.24)	0.0354*** (4.31)	0.0464 (0.67)	0.0732*** (10.76)	0.1468*** (10.67)	0.0624*** (7.93)
总资产	0.2691 (5.90)	-0.0117*** (-4.08)	0.0333*** (8.42)	-0.0137*** (-4.40)	0.3758*** (6.69)	-0.0153*** (-3.55)	0.0363*** (7.80)	-0.0173*** (-3.76)
独立董事	-0.3889* (-1.77)	-0.0297* (-1.80)	0.0838 (1.66)	-0.0314* (-1.91)	-0.3306 (-1.42)	-0.0195 (-1.05)	0.0750 (1.47)	-0.0235 (-1.26)
两职兼任	0.0222 (0.77)	0.000 (0.13)	0.0074 (1.17)	0.0001 (0.06)	0.0135 (0.43)	-0.0014 (-0.51)	0.0048 (0.75)	-0.0014 (-0.52)
_cons	-2.6796*** (-5.38)	-0.0553 (-1.52)	-0.9912*** (-16.03)	0.0294 (0.65)	-5.3578*** (-6.05)	-0.2175*** (-5.28)	-1.4522*** (-18.27)	-0.1127** (-2.05)
Ind-time fe	N	N	N	N	Y	Y	Y	Y
调整 R^2	0.2202	0.0473	0.7512	0.0566	0.2291	0.0693	0.7538	0.0760
Hausman	167.82 (0.000)		150.35 (0.000)		203.30 (0.000)		181.14 (0.000)	

注：括号内为 T 统计量，*** 表示 1% 的显著性水平，** 表示 5% 的显著性水平，* 表示 10% 的显著性水平。

2. 更换指标检验外部薪酬攀比对企业绩效的影响

（1）重新度量外部薪酬攀比系数。为进一步检验攀比心理影响下人力资本对企业绩效的影响，我们重新构建了外部薪酬攀比系数，借鉴步丹璐等（2010）提出的相对分位数和罗宏等（2016）提出的方法，并在此基础上控制了企业产权性质，计算方法见式（4.11）和式（4.12），其中员工人均薪酬分别代表管理层和普通员工的人均薪酬。

$$OGAP = \frac{员工人均薪酬}{同行业同产权性质企业中员工薪酬最大值} \quad (4.11)$$

$$OGAP = \frac{员工人均薪酬}{同行业同产权性质企业中员工薪酬中位数} \quad (4.12)$$

表 4.15 的第一组报告了外部薪酬攀比系数按式（4.11）计算的结果，第二组报告了外部薪酬攀比系数按式（4.12）计算的结果，两组结果进一步说明不论是管理层还是普通员工，其外部薪酬攀比动机越小越有利于人力资本发挥提升企业绩效的作用。

表 4.15　攀比心理影响下人力资本与企业绩效稳健性检验

变量	第一组改变自变量			第二组改变自变量			第三组改变被解释变量			第四组同时改变自变量和被解释变量		
普通员工攀比	0.0985*** (12.96)		0.0978*** (12.87)	0.0001*** (2.03)		0.0001*** (2.12)	0.0019*** (4.77)		0.0019*** (4.72)	0.0001* (1.93)		0.0001** (2.03)
管理层攀比		0.0283*** (3.48)	0.0255*** (3.14)		0.0194*** (13.73)	0.0185*** (7.52)		0.0189*** (7.59)	0.0189*** (7.55)		0.0194*** (13.67)	0.0184*** (7.41)
资产负债率	-0.0302*** (-21.73)	-0.0294*** (-21.12)	-0.0301*** (-21.67)	-0.0155*** (-12.40)	-0.0291*** (-18.00)	-0.0152*** (-12.30)	-0.0295*** (-18.18)	-0.0296*** (-18.21)	-0.0299*** (-18.30)	-0.0155*** (-12.32)	-0.0295*** (-18.18)	-0.0153*** (-12.22)
市净率	0.0001*** (5.92)	0.0001*** (6.11)	0.0000*** (5.81)	0.0001*** (4.95)	0.0001*** (3.26)	0.0001*** (5.10)	0.0001*** (3.32)	0.0001*** (3.31)	0.0001*** (3.33)	0.0001*** (5.00)	0.0001*** (3.29)	0.0001*** (5.15)
员工规模	-0.0146*** (-6.40)	-0.0278*** (-13.58)	-0.0145*** (-6.35)	-0.0031*** (-3.11)	-0.0152*** (-8.52)	-0.0033*** (-3.36)	-0.0136*** (-7.19)	-0.0154*** (-8.28)	-0.0138*** (-7.29)	-0.0032*** (-3.14)	-0.0153*** (-8.26)	-0.0034*** (-3.39)
流通市值	0.0583*** (20.27)	0.0590*** (20.37)	0.0573*** (19.81)	0.0362*** (25.66)	0.0303*** (14.85)	0.0328*** (22.90)	0.0311*** (15.20)	0.0299*** (14.57)	0.0296*** (14.48)	0.0359*** (25.31)	0.0299*** (14.58)	0.0325*** (22.65)
管理层持股	0.0237 (0.36)	-0.0234 (-0.35)	0.0193 (0.29)	0.0774*** (14.49)	0.0991*** (5.90)	0.0658*** (12.24)	0.1063*** (6.30)	0.0984*** (5.83)	0.0993*** (5.89)	0.0764*** (14.25)	0.0988*** (5.86)	0.0649*** (12.02)
总资产	-0.0371*** (-14.21)	-0.0312*** (-11.99)	-0.0387*** (-14.55)	-0.0141*** (-10.41)	-0.0021 (-0.92)	-0.0171*** (-12.47)	0.0018 (0.76)	-0.0010 (-0.42)	0.0018 (0.74)	-0.0138*** (-10.14)	-0.0009 (-0.36)	-0.0168*** (-12.19)
独立董事	-0.0644** (-2.11)	-0.0805*** (-2.64)	-0.0641** (-2.11)	-0.0245 (-1.55)	-0.0011 (-0.05)	-0.0279* (-1.77)	0.0041 (0.17)	-0.0022 (-0.10)	-0.0019 (-0.08)	-0.0243 (-1.53)	-0.0019 (-0.08)	-0.0277* (-1.75)
两职兼任	-0.0061 (-1.39)	-0.0095** (-2.15)	-0.0068 (-1.56)	-0.0024 (-1.12)	-0.0071** (-2.11)	-0.0025 (-1.19)	-0.0064* (-1.91)	-0.0076** (-2.27)	-0.0077** (-2.30)	-0.0024 (-1.13)	-0.0074** (-2.21)	-0.0026 (-1.20)
$Ind-time\ fe$	Y	Y	Y	Y	Y	Y	Y	Y	Y	Y	Y	Y
调整 R^2	0.1657	0.1629	0.1659	0.2344	0.2369	0.1167	0.2342	0.2358	0.2368	0.0675	0.2357	0.0763

注：括号内为 T 统计量，*** 表示 1% 的显著性水平，** 表示 5% 的显著性水平，* 表示 10% 的显著性水平。

（2）重新度量企业绩效。用托宾 Q 衡量企业绩效，依旧按照式（4.2）和式（4.3）计算外部薪酬攀比系数，回归结果见表 4.15 第三组，进一步说明外部薪酬攀比动机越小越有利提升企业绩效。

（3）同时改变解释变量和被解释变量。外部薪酬攀比系数按式（4.11）计算，企业绩效用托宾 Q 衡量，重新检验外部薪酬攀比对企业绩效的影响。回归结果见表 4.15 第四组，从中可以看出，外部薪酬攀比与企业业绩正相关的关系仍成立，即外部薪酬攀比动机越小越有利于人力资本发挥提升企业绩效的作用。当将外部薪酬攀比系数按式（4.12）、企业绩效按式（4.13）替换后，同样发现外部薪酬攀比动机越小越有利于人力资本发挥提升企业绩效的作用。

4.4.3　特征视角稳健性检验

进一步从三方面检验人力资本结构对企业绩效的影响。第一，将样本时间段分为 2010～2013 年和 2014～2017 年两组，实证结果见表 4.16 第（1）列和第（2）列，人力资本结构高级化水平的回归系数都显著为正，说明人力资本结构高级化的过程有利于提升企业绩效；第二，将企业员工根据教育背景分为专科及以下、本科和硕士以上三种类型，重新计算企业层面的人力资本结构高级化指数，回归结果见表 4.16 第（3）列，同样证明人力资本结构高级化有助于企业业绩的提升；第三，企业绩效采用托宾 Q 度量，回归结果见表 4.16 第（4）列，人力资本结构与企业绩效之间的正关系依旧成立。综上所述，稳健性检验进一步证实人力资本结构水平越高越有利于提升企业绩效。

表 4.16　　　　　　　人力资本结构高级化与企业绩效稳健性检验

解释变量	2010～2013 年 (1)	2014～2017 年 (2)	人力资本结构不同的度量（3）	企业绩效不同度量方法（4）
人力资本结构高级化水平	0.5535 *** (8.26)	0.1567 * (1.94)	0.5932 * (1.64)	11.3861 *** (7.02)
资产负债率	7.6845 *** (6.25)	2.6154 * (1.96)	−4.2848 *** (−6.16)	23.7121 *** (39.20)
公司规模	−0.1842 (−1.27)	−0.2085 (−1.47)	−0.3155 * (−1.71)	−33.4165 ** (−2.56)

解释变量	2010～2013 年 （1）	2014～2017 年 （2）	人力资本结构 不同的度量（3）	企业绩效不同 度量方法（4）
资产增长	-0.0468 *** （31.16）	-0.0093 *** （-3.37）	-0.1932 （-1.00）	0.5053 （0.45）
净资产收益率	-11.0172 * （-1.76）	-0.1031 * （-1.65）	1.7216 *** （6.14）	-0.1208 *** （-31.41）
调整 R^2	0.5710	0.4393	0.1569	0.4797
Time－fe	Y	Y	Y	Y
Firm－fe	Y	Y	Y	Y

注：括号内为 T 统计量，*** 表示 1% 的显著性水平，** 表示 5% 的显著性水平，* 表示 10% 的显著性水平。

4.5 本章小结

本章从三个不同视角探索了人力资本的价值创造能力。基本成本视角发现企业对人力资本的投资当前呈上升的趋势，人力资本成本视角下，人力资本创造价值的途径有成本效应和激励效应两条路径，当前主要是成本效应占据主导地位，随着人力资本占比的进一步上升，激励效应会发挥主导地位，即人力资本成本占比与企业绩效之间呈非线性关系，且这种关系在制造业和劳动密集型企业中更显著。

攀比心理影响人力资本价值创造能力。对企业所有员工而言，攀比心理越小越有利于人力资本发挥积极的价值创造功能。基于区域的分析发现，在一线城市中普通员工的攀比心理不影响人力资本创造价值的能力，这与一线城市有充裕劳动力供给和普通员工的替代性强有关；相比于管理层，普通员工的攀比心理对人力资本创造价值的影响在非国有企业中更显著；普通员工和管理层攀比心理的差异性也会影响其人力资本价值创造能力的发挥。基于特征视角发现，人力资本结构高级化过程有助于提升企业绩效，且这种关系与企业性质无关，进一步发现，相对于同行业企业，人力资本结构水平越高人力资本越能够发挥积极的价值创造能力。

第5章

人力资本影响企业绩效机理分析

第5章从三个不同视角证明了人力资本对企业绩效的影响，即在成本效应和激励效应的共同作用下人力资本与企业绩效之间是非线性的关系，本章将进一步从调节效应和中介效应方面探索这种关系受哪些因素的影响及其影响途径。

5.1 调节机理

5.1.1 外部环境调节

企业处于社会发展环境中，因此人力资本成本占比对企业绩效的影响受宏观环境的影响。当企业处于不稳定的环境中，市场波动比较大时，企业很可能面临现金流短缺等问题，当人力资本成本占比上升或是难以调整时，企业面临的经营压力会进一步加剧，正如研究证实经济政策不确定性影响企业各类投资行为（Gulen and Ion，2016；Bhattacharya et al.，2017）；当宏观经济环境比较稳定时，市场需求比较大且稳定，有助于缓解劳动成本上升给企业带来的压力，基于此提出假设 H5-1。

H5-1：经济政策不确定性在人力资本成本占比与企业绩效之间发挥正调节作用。

2008年颁布的《中华人民共和国劳动合同法》从劳动合同的期限、违约、赔偿等17个角度做了详细的调整，在很大程度上提高了对劳动力的保护（黄平，2012），即人力资本被辞退或解雇的风险降低，有助于增强员工在工作中的安全感、提高其工作积极性，有助于缓解人力资本成本占比对企业绩效的负面影响。基于此提出假设 H5 - 2。

H5 - 2：劳动保护在人力资本成本与企业绩效之间发挥负调节作用。

员工的攀比心理受外部宏观环境的影响，当员工面临的外部环境波动性比较大或是比较复杂时，其保留现有工作的决心会更强烈，因为盲目的攀比引发的流动可能会影响其正常的生活，正如 2020 年的疫情降低了离职率。当员工面临的外部宏观环境比较好时，员工很容易通过跳槽改善生活水平，攀比心理更容易影响其行为决策，这意味着经济政策不确定性会改变外部薪酬攀比对企业绩效的影响。此外随着人力资本水平的提升，其对政策环境的敏感性更高，当宏观环境不稳定性提高后，人力资本水平越高的企业其员工的不稳定性、心理变化等会更显著，可能会弱化人力资本结构已有的积极作用。基于此提出假设 H5 - 3。

H5 - 3a：经济政策不确定性在人力资本攀比心理与企业绩效之间发挥负调节作用。

H5 - 3b：经济政策不确定性在人力资本结构演化与企业绩效之间发挥负调节作用。

5.1.2　内部激励调节

人是极复杂的社会动物，其薪酬攀比动机随参照对象的变化而变化，那么当同时考虑不同参照对象时，外部薪酬攀比对企业绩效具有怎样的影响呢？即内部薪酬差的存在是否改变人力资本攀比心理与企业绩效之间的关系？对普通员工而言，当其通过外部薪酬对比获得较高的薪酬满意度时，较大的内部薪酬差可以进一步增强其对企业的归属感，激励其勤勉敬业、积极上进、努力工作，从而有利于提升企业业绩；反之，较小的内部薪酬差不能充分调动其积极性，影响外部薪酬对比的积极效果。而对于管理层，企业内部薪酬差的作用有限，因为大多数情况下管理层薪酬都高于普通员工，管理层认为这是对自身人力资本的补偿。此外，在一定程度上企业内部薪酬差是管理层权力的反映，因此管理层受企业内部薪酬差的影响相对有限。但是如果企业内部薪酬差过小，管理层则认为自我价值没有得到应有的回报，此时会影响其工作的积极性，进而可能不利于提升企业绩效。基于此提出假设 H5 - 4。

H5 - 4：相对于管理层，企业内部薪酬差在普通员工外部薪酬攀比影响企业绩效中发挥更显著的正向调节作用，即内部薪酬差的增大有助于普通员工群体发挥更积极的价值创造功能。

企业人力资本配置、薪酬设定和企业绩效息息相关，恰当地处理三者之间的关系将直接影响企业对员工的激励，最终会影响公司绩效。李志红等（2010）研究发现激励人力资本载体是提高人力资本价值创造能力的有效方法，薪酬激励是目前最有效且广泛使用的激励方法。当前在薪酬激励中存在两种观点：一种是以锦标赛理论为代表的观点，主张通过增大薪酬差距激励人力资本创造价值的能力；另一种是以行为理论为代表的观点，主张缩小薪酬差距助力团队合作进而使企业绩效得到提升。随着人力资本结构高级化，企业中高素质人才增多，其对公平正义的追求可能会更迫切，且已有研究证实中国人更在乎分配是否公平，在分配公平的环境中其对工作更满意。基于此提出假设 H5 - 5。

H5 - 5：企业内部薪酬差在人力资本结构高级化影响企业绩效中发挥负向调节作用。

5.1.3　高管自信调节

委托代理是现代企业典型特征之一，在委托代理关系中管理者与企业所有者的利益存在冲突，高管出于维护自身利益的目的，在资源调整时可能使资源配置偏离最优，例如陈等（Chen et al.，2012）和梁上坤（2015）研究发现高管的过度自信会放大企业的成本黏性，使资源配置偏离最优。高管为了能够获得更多的收入、声誉或权利，当其对未来预期乐观，在扩大投资时会忽视成本的影响，即使处于市场萎缩状态，高管由于自信也不会轻易削减投资，特别是一般不会在短期内降低对劳动力的投入，这会增强人力资本成本占比对企业绩效的影响。基于此提出假设 H5 - 6。

H5 - 6：高管过度自信在人力资本成本占比与企业绩效中发挥正调节作用。

当高管过度自信时，其会增加对人力资本的投资，即制定相对其他公司具有优势的工资水平，对普通员工而言，工资的上涨有助于激发其人力资本发挥创造价值的功能，对管理层而言，过度自信会让其认为工资是对其人力资本的补偿，不能够有效地激发其人力资本创造价值的功能，基于此提出假设 H5 - 7。

H5 - 7a：高管过度自信在普通员工薪酬攀比影响企业绩效中发挥正的调节作用。

H5 - 7b：高管过度自信在管理层薪酬攀比影响企业绩效中发挥负的调节作用。

5.2　中介机理

5.2.1　创新渠道

一方面，创新具有时间长、风险大的特点，短期内难为企业带来盈利，因此在研发投入水平高的组合中，人力资本成本占比的提升会进一步导致企业成本费用的提高、降低企业利润，企业为了维持发展可能会降低研发投入，正如格罗斯曼和赫尔普曼（Grossman and Helpman，1991）从需求层面发现劳动成本上升不利于企业的技术创新，因此研发投入高的组合中人力资本成本占比对企业绩效的影响主要表现为成本效应。另一方面，人力资本成本占比提高后能够激发企业创新动力、要素替代动力，具有发挥倒逼企业升级的作用，为企业带来利润的增长。例如，希克斯（Hicks，1932）发现生产要素的相对价格在劳动成本上升后会发生变化，这使得在生产中企业更愿意用资本替代劳动；陈雯等（2019）基于工业企业数据研究发现劳动成本上升有助于促进出口企业的创新，因此高创新投入可能会弱化人力资本成本占比对企业绩效的影响。基于此提出假设 H5 - 8。

H5 - 8：创新在人力资本成本占比与企业绩效之间发挥中介作用。

人力资本与创新本质上属于资源和能力的关系，两者在影响企业成长方面应具有交互促进作用，即资源有助于能力水平的提高，能力能促进资源的充分利用从而进一步提升企业绩效。此外，已有研究证明人力资本与创新存在互补效应（Chesbrough，2004；王少国和潘恩阳，2017），即人力资本在促进企业创新的同时，企业创新的突破也会引致人力资本的进一步积累，或者说人力资本是企业创新的源泉，创新能进一步鼓励劳动者对自身和企业对员工的人力资本投资。基于此提出假设 H5 - 9。

H5 - 9：创新是人力资本结构演化影响企业绩效的途径之一。

5.2.2　人才流动渠道

薪酬激励的目的之一是为企业招揽人才、调动员工工作热情、提高企业竞争力，薪酬比较带来的公平感对员工行为有积极影响（Deconinck and Stilwell，2004）。受中国经济发展水平的影响，当前工资是个人收入最主要的部分，因此企业员工易受薪酬对比的影响，尤其是行业内类似岗位的薪酬对比会恶化公平感，从而使人员流动更普遍，进而影响企业绩效。中智人力资本与领英在 2016～2019 年对跳槽者的调查发现，员工跳槽主要是对薪酬不满意。企业薪酬通过两个途径影响员工变动，当企业薪酬水平高于行业均值水平时，一方面原有人员容易产生归属感，不轻易离职，另一方面容易吸收新成员加入；当企业薪酬水平低于行业均值水平时，既加速原有人员的离职，也不易吸纳新成员。因此外部薪酬攀比会影响企业员工的变动。换言之，薪酬攀比可能通过人才流动影响企业绩效，基于此提出假设 H5 - 10。

H5 - 10：人才流动在外部薪酬攀比影响企业绩效中发挥中介效应。

离职属于人才流动的一方面，当员工通过外部薪酬对比发现自己的薪酬不合理时，就会产生对企业不满意的消极情绪，从而引发其离职。已有研究发现离职是员工对收入不满意的主要表现之一（Deconinck and Stilwell，2004；Wade et al.，2006；Messersmith et al.，2011；Ridge et al.，2014；熊冠星等，2017）。对于普通员工，由于其人力资本不如管理层稀缺，因此议价能力非常有限，所以当其面对薪酬不公平时，更多地会采取离职行为来缓解薪酬不公平感。对于管理层，离职成本和离职影响都比较大，甚至涉及企业机密的泄漏，此外管理层由于拥有一定的管理权力，可以通过隐形福利等其他途径缓解薪酬不公平感，因此在现实中管理层在离职方面非常谨慎，管理层离职概率相对较低。基于此提出假设 H5 - 11。

H5 - 11：相对于管理层，离职行为在普通员工外部薪酬攀比影响企业绩效中发挥的中介效应更显著。

5.2.3 生产率渠道

已有研究证明人力资本是影响其劳动生产率最直接的因素，高水平的人力资本有助于提高劳动生产率，对企业的贡献也越大（Ichniowski and Shaw，2003；李广众等，2018）。那么，人力资本结构水平的提升理论上能促使企业员工劳动生产率提高、使员工创造的价值增加，进而有利于提升企业绩效。基于此提出假设 H5 - 12。

H5 - 12：劳动生产率在人力资本结构变化与企业绩效中发挥中介效应。

同理，基于前面的分析可知，攀比心理越弱越有利发挥人力资本创造价值的功能，相比于普通员工，管理层人力资本具有较强的能力并拥有管理权，因而对劳动生产率影响更大。因此提出假设 H5-13。

H5-13：相比于普通员工，劳动生产率在管理层外部薪酬攀比与企业绩效之间发挥更显著的中介作用。

在衡量企业生产效率中，全要素生产率是衡量企业高质量发展的关键因素，人力资本结构的高级化理论上有助于优化企业生产要素的配置，提高企业全要素生产率。同时相比于普通员工，管理层人力资本对全要素生产率的影响更大，因为管理层对企业发展战略、管理决策等方面有决定作用。基于此提出假设 H5-14。

H5-14a：全要素生产率在人力资本结构高级化与企业绩效之间发挥中介作用。

H5-14b：相比于普通员工，全要素生产率在管理层外部薪酬攀比与企业绩效之间发挥中介作用更显著。

劳动成本的二元性使人力资本成本占比对全要素生产率的影响较复杂。一方面，已有研究从单位劳动成本角度证明劳动成本的上升有助于 TFP 的提高（Acemoglu and Finkelstein，2008）；另一方面，也有研究发现劳动成本的上升不能够发挥提升 TFP 的作用，如姚先国和曾国华（2012）证明劳动成本对生产效率的影响是非线性的，在一定程度上劳动成本的上升会阻碍生产效率的提高，张吉超（2016）基于宏观数据发现劳动收入份额与 TFP 之间是负相关关系，说明短期内劳动收入份额可能会通过阻碍 TFP 的提高而对企业绩效产生不利影响。进一步，鉴于研究中发现当前人力资本成本占比对企业绩效的影响主要受成本效应的影响而呈负相关关系，因此提出假设 H5-15。

H5-15：全要素生产率是人力资本成本占比影响企业绩效的途径之一，即人力资本成本占比的上升会通过抑制 TFP 而发挥负面影响。

5.3　实证分析模型

本章在影响机制分析时借鉴温忠麟等（2004）的思想，建立模型（5.1）检验调节效应，具体在分析不同因素的调节作用时改变相应的调节变量。鉴于在第 4 章已经分析了人力资本对企业绩效的影响，本章在中介效应分析中主要建立相应的模型（5.2）和模型（5.3）进行检验。

$$ROA_{i,t} = \alpha_0 + \alpha_1 human_{i,t-1} + \alpha_2 tiaojie_{i,t-1} + \alpha_3 human_{i,t-1} \times tiaojie_{i,t-1}$$
$$+ \alpha_4 controls_{i,t-1} + \varepsilon_{i,t} \tag{5.1}$$

$$zhongjie_{i,t} = \alpha_0 + \alpha_1 human_{i,t-1} + \alpha_2 controls_{i,t-1} + \varepsilon_{i,t} \tag{5.2}$$

$$ROA_{i,t} = \alpha_0 + \alpha_1 human_{i,t-1} + \alpha_2 zhongjie_{i,t-1} + \alpha_3 controls_{i,t-1} + \varepsilon_{i,t} \tag{5.3}$$

5.4 实证结果分析

5.4.1 外部环境

表5.1第（1）列考虑经济政策不确定性后人力资本成本占比回归系数负显著，说明经济政策不确定在人力资本成本与企业绩效之间发挥正调节作用，经济政策不确定性较大时，人力资本成本占比在创造价值中更容易发挥成本效应，即负面效应更显著。表5.1第（2）列人力资本成本占比与劳动保护法交乘项的回归系数显著为正，说明随着对人力资本保护的提高，人力资本被激励的积极效应会超越成本效应，使得人力资本发挥积极的创造价值的功能，劳动保护法在人力资本成本占比与企业绩效之间发挥负调节作用。

表5.1 人力资本成本占比、外部环境与企业绩效

变量	（1）	变量	（2）
人力资本成本占比×经济政策不确定性	-0.00004** （-2.97）	人力资本成本占比×劳动保护法	0.0444** （2.85）
经济政策不确定性	-0.0001*** （-5.60）	劳动保护法	-0.0139** （02.26）
劳动收入份额	0.0009 （0.49）	劳动收入份额	-0.0502** （-3.21）
前十大股东持股比例	0.0812*** （19.13）	前十大股东持股比例	0.1029*** （13.37）
总资产对数	-0.0063*** （-6.58）	总资产对数	-0.0098*** （-6.25）

续表

变量	（1）	变量	（2）
流通市值对数	0.0168 *** （15.46）	流通市值对数	0.0073 *** （5.07）
资产负债率	− 0.0513 *** （− 33.25）	资产负债率	− 0.0641 *** （− 37.89）
市盈率	− 0.0031 （− 1.36）	市盈率	− 0.0002 （− 0.10）
Firm − fe	N	Firm − fe	Y
Time − fe	Y	Time − fe	Y
调整 R^2	0.0864	调整 R^2	0.2082
观测值	25408	观测值	25408

注：括号内为 T 统计量，*** 表示1%的显著性水平，** 表示5%的显著性水平，* 表示10%的显著性水平。

　　表5.2第（1）列和第（2）列经济政策不稳定性与攀比心理回归系数为 − 0.00004，且显著，说明经济政策不稳定性对攀比视角下人力资本创造价值的负面调节作用，经济环境的不稳定会弱化攀比心理在人力资本创造价值中的作用。第（3）列人力资本结构高级化与经济政策不稳定性的交乘项回归系数为 − 0.00002，且显著，说明随着经济环境不稳定性的增大，人力资本由于面临不稳定性，会抑制其积极能力的发挥，改变人力资本结构高级化对企业绩效的积极作用。

表5.2　　　　　　　　　人力资本、外部环境与企业绩效

Panel A 薪酬攀比、外部环境与企业绩效			Panel A 人力资本结构、外部环境与企业绩效	
变量	普通员工 （1）	管理层 （2）	变量	（3）
经济政策不确定性 × 攀比心理	− 0.00004 ** （− 2.16）	− 0.0001 ** （− 3.01）	人力资本结构高级化 × 经济政策不确定性	− 0.00002 * （− 1.69）
经济政策不确定性	− 0.00007 （− 1.43）	− 0.00007 ** （− 2.16）	人力资本结构高级化	0.0134 * （1.77）

Panel A 薪酬攀比、外部环境与企业绩效			Panel A 人力资本结构、外部环境与企业绩效	
变量	普通员工 (1)	管理层 (2)	变量	(3)
外部薪酬差	0.0206 *** (4.49)	0.02489 *** (7.26)	经济政策不确定性	0.0003 (1.03)
资产负债率	0.0728 *** (31.88)	0.0727 *** (39.37)	资产负债率	-0.0099 (-0.67)
市净率	-0.0110 *** (-4.39)	-0.0024 (-1.37)	市净率	-0.0001 (-1.10)
员工人数对数	0.0171 *** (5.51)	0.01669 *** (7.62)	员工人数对数	0.0091 * (2.18)
流通市值对数	0.1288 (0.73)	0.0783 * (1.94)	流通市值对数	0.0038 (1.15)
总资产对数	-0.0198 *** (-6.07)	-0.0234 *** (-10.20)	总资产对数	-0.0269 *** (-5.47)
管理层持股	-0.0365 (-0.21)	0.0090 (0.36)	管理层持股	-0.0002 (-0.74)
$Firm - fe$	Y	Y	$Firm - fe$	Y
$Time - fe$	Y	Y	$Time - fe$	Y
调整 R^2	0.8146	0.8968	调整 R^2	0.1867
观测值	24014	24249	观测值	7827

注：括号内为 T 统计量，*** 表示 1% 的显著性水平，** 表示 5% 的显著性水平，* 表示 10% 的显著性水平。

5.4.2 内部激励

1. 内部薪酬激励、攀比心理与企业绩效

表 5.3 报告了企业内部薪酬差的调节作用，基于普通员工角度企业内部薪酬差与攀比心理交乘项回归系数显著为正，说明企业内部薪酬差能够

放大攀比心理对企业绩效的影响，即内部薪酬差发挥正向调节作用。而管理层中企业内部薪酬差与管理层攀比心理交乘项回归系数为负且不显著，说明对于管理层内部薪酬差的调节作用不显著。也就是说，相对于管理层，企业内部薪酬差在普通员工攀比心理影响企业绩效中发挥更显著的正调节作用。企业内部薪酬差对管理层没有发挥有效激励作用，那么是不是意味着管理层完全不在意企业内部薪酬差呢？或者说企业在制定薪酬时可以不考虑企业内部薪酬差对管理层的影响呢？本章针对内部薪酬差在外部薪酬攀比对企业绩效影响中的作用进一步进行了门槛检验。

表 5.3　　　　内部薪酬差、攀比心理下人力资本与企业绩效

变量	对普通员工的影响	对管理层的影响
普通员工攀比	0.0009 ** (2.11)	
管理层攀比		0.0211 *** (7.01)
企业内部薪酬差	-0.0013 ** (-2.38)	-0.0002 (-0.29)
普通员工攀比心理×企业内部薪酬差	0.0042 *** (9.95)	
管理层攀比心理×企业内部薪酬差		-0.0004 (-0.94)
资产负债率	-0.0500 *** (-25.8)	-0.0503 *** (-25.89)
市净率	0.0001 ** (2.73)	0.0001 ** (2.72)
员工规模	-0.0122 *** (-6.00)	-0.0134 *** (-6.64)
流通市值	0.0338 *** (15.16)	0.0329 *** (14.65)
管理层持股	0.0886 *** (4.50)	0.0825 *** (4.18)

变量	对普通员工的影响	对管理层的影响
总资产	-0.0018 (-0.75)	-0.0042^* (-1.69)
独立董事	0.0105 (0.42)	0.0018 (0.07)
两职兼任	-0.0059 (-1.62)	-0.0071^* (-1.95)
$Firm-fe$	Y	Y
$Time-fe$	Y	Y
调整 R^2	0.2554	0.2519
观测值	24249	24249

注：括号内为 T 统计量，$***$ 表示 1% 的显著性水平，$**$ 表示 5% 的显著性水平，$*$ 表示 10% 的显著性水平。

进一步通过门槛检验探索企业内部薪酬差在人力资本攀比心理影响企业绩效中的作用，门槛变量设为企业内部薪酬差，见式（5.4），在不存在门槛、一个门槛和两个门槛的设定下对模型进行估计。结果发现，企业内部薪酬差在调节外部攀比心理的过程中存在单一门槛，相应的自抽样 P 值见表 5.4。

$$ROA_{i,t} = \alpha_0 + \alpha_1 OGAP_{i,t-1} \cdot I(IGAP \leq \gamma) + \alpha_2 OGAP_{i,t-1} \cdot$$
$$I(IGAP > \gamma) + \sum a_k controls_{i,t} + \varepsilon_{i,t} \qquad (5.4)$$

表 5.4　　　　　　　　　内部薪酬差门槛检验

变量	门槛值	F 值	P 值	Bootstrap	1% 临界值	5% 临界值	10% 临界值
企业内部薪酬差（普通员工攀比）	3.0676	18.97	0.0050	200	18.1030	14.8970	11.9887
企业内部薪酬差（管理层攀比）	0.5238	16.85	0.0550	200	22.4190	16.9815	15.2439

表 5.5 第（1）列报告了企业内部薪酬差在普通员工攀比心理影响企业绩效中的门槛效应，门槛值为 3.0676，高于 3.0676 时攀比心理回归系数正显著，低于 3.0676 时攀比心理回归系数为负但不显著。第（2）列报

告了企业内部薪酬差在管理层攀比心理影响企业绩效的门槛效应，门槛值为 0.5238，高于 0.5238 时管理层攀比心理回归系数显著为正，低于 0.5238 时管理层攀比心理回归系数显著为负。第（1）列和第（2）列对比说明：企业在薪酬制定时，要在密切关注外部同行业公司薪酬水平基础上，合理控制企业内部薪酬差，过小的企业内部薪酬差会放大外部攀比心理的负面效应，即当内部薪酬差低于一定水平时，外部攀比心理在人力资本创造价值中的积极作用会被弱化。

表 5.5　　内部薪酬差影响下人力资本攀比心理对企业绩效的影响

变量	普通员工（1）	管理层（2）
普通员工攀比心理_1（企业内部薪酬差≤3.0676）	-0.0012 （-0.72）	
普通员工攀比心理_2（企业内部薪酬差>3.0676）	0.0219*** （3.68）	
管理层攀比心理_1（企业内部薪酬差≤0.5238）		-0.1078*** （-3.45）
管理层攀比心理_2（企业内部薪酬差>0.5238）		0.0099** （2.49）
资产负债率	-0.2279*** （-10.32）	-0.2219*** （-10.21）
市净率	0.0027** （3.07）	0.0024** （2.71）
员工规模	-0.0004 （-0.008）	-0.0063 （-1.21）
流通市值	0.0061* （1.90）	0.0068** （2.09）
管理层持股	0.1219*** （5.62）	0.1186*** （5.48）
总资产	0.0016 （0.68）	0.0015 （0.65）
独立董事	-0.0127* （-1.96）	-0.0169** （-2.58）

变量	普通员工（1）	管理层（2）
两职兼任	-0.1199 ** （-2.63）	-0.1169 ** （-2.57）
残差	0.0361 （0.63）	0.0722 （1.23）
组内 R^2	0.2504	0.2542
组间 R^2	0.3258	0.3027
整体 R^2	0.2498	0.2359

注：括号内为 T 统计量，*** 表示 1% 的显著性水平，** 表示 5% 的显著性水平，* 表示 10% 的显著性水平。

2. 内部薪酬差、人力资本结构与企业绩效

表 5.6 中人力资本结构高级化与内部薪酬差的交乘项显著为负，说明在相同人力资本结构水平的企业中，内部薪酬差越大越不利于提升企业的绩效。由于人力资本结构高级化水平主要依据教育背景，这说明随着人们受教育水平的提升，其对公平问题会更关注，因此企业在提升员工人力资本水平的同时也要注意薪酬差距的影响。

表 5.6　　人力资本结构高级化、内部薪酬差与企业绩效

解释变量	内部薪酬差的调节作用
人力资本结构高级化×内部薪酬差	-0.0781 ** （-2.69）
人力资本结构高级化	-0.0554 （-0.38）
资产负债率	-0.7290 ** （-2.92）
公司规模	0.1878 ** （2.90）
资产增长	0.0009 （0.21）
净资产收益率	-0.0001 （-0.93）

续表

解释变量	内部薪酬差的调节作用
内部薪酬差	0.7448 ** (2.59)
调整 R^2	0.5462
$Firm-fe$	Y
$Time-fe$	Y

注：括号内为 T 统计量，*** 表示 1% 的显著性水平，** 表示 5% 的显著性水平，* 表示 10% 的显著性水平。

5.4.3　高管自信

表 5.7 第（1）列中人力资本成本占比与高管自信的交乘项显著为负。第（2）列和第（3）列报告了将样本根据高管自信分样本检验结果，每年将样本按照高管自信水平排序，低于中位数的为高管自信水平低的组，高于中位数的为高管自信水平高的组，每年调整一次组合，发现在高管自信水平高的组中人力资本成本占比的回归系数显著为负。这说明高管自信在人力资本成本占比与企业绩效之间发挥正调节作用，即高管的过度自信会使人力资本的成本效应在创造价值中更显著。

表 5.7　　　　人力资本成本占比、高管过度自信与企业绩效

变量	全样本	高管自信高的组	高管自信低的组
人力资本成本占比×高管自信	-0.0173 ** (-2.65)		
劳动收入份额	-0.0012 (-1.21)	-0.0174 ** (-2.09)	-0.0009 (-1.26)
前十大股东持股比例	0.0908 *** (11.93)	0.0816 *** (6.08)	0.1086 *** (11.54)
总资产对数	-0.0092 *** (-5.90)	-0.0014 (-0.52)	-0.0256 *** (-12.93)
流通市值对数	0.0076 *** (5.40)	0.0038 (1.49)	0.0148 *** (9.09)

变量	全样本	高管自信高的组	高管自信低的组
资产负债率	-0.0629 *** (-38.49)	-0.0795 *** (-37.50)	0.0309 *** (5.26)
市净率	0.0001 (0.05)	-0.0379 ** (-2.55)	-0.0018 (-0.90)
高管自信	0.0062 ** (2.66)		
Firm - fe	Y	Y	Y
Time - fe	Y	Y	Y
调整 R^2	0.2280	0.2610	0.2677
观测值	24435	11926	12509

注：括号内为 T 统计量，*** 表示 1% 的显著性水平，** 表示 5% 的显著性水平，* 表示 10% 的显著性水平。

表 5.8 第（1）列中普通员工攀比心理与高管自信的交乘项正显著，第（2）列中管理层攀比心理与高管自信的交乘项负显著。这意味着当普通员工外部攀比心理较弱，而企业内部面临的是自信的管理者时，攀比心理带来的优势会使普通员工人力资本在创造价值中发挥更积极的作用；当管理层外部攀比心理较弱，而自身又是过度自信的管理团队时，攀比心理的优势会被过度自信所弱化。即从攀比视角分析管理者自信在普通员工人力资本与企业绩效之间发挥正调节作用，在管理者自身人力资本与企业绩效之间发挥负调节作用。

表 5.8　攀比心理下的人力资本、高管过度自信与企业绩效

变量	普通员工	管理层
攀比心理 × 高管自信	0.1552 *** (12.40)	-0.0258 * (-1.72)
外部薪酬攀比	-0.0773 ** (-11.34)	0.0120 (1.58)
高管自信	-0.0089 (-0.15)	0.0395 * (1.86)

续表

变量	普通员工	管理层
资产负债率	−0.3339 *** (−7.06)	−0.1466 *** (−11.58)
市净率	0.0039 *** (15.28)	0.0024 *** (35.84)
员工人数自然对数	−0.0204 * (−1.97)	−0.0177 *** (−6.60)
流通市值对数	0.0438 *** (3.81)	0.01745 *** (5.54)
前十大股东持股比例	−0.0005 (−0.70)	0.0007 *** (3.33)
总资产自然对数	−0.0655 *** (−4.82)	0.0184 *** (5.10)
独立董事占比	−0.056 (−0.42)	0.0343 (0.97)
董事与总经理兼任	0.06759 *** (3.73)	0.0096 * (1.99)
$Firm-fe$	Y	Y
$Time-fe$	Y	Y
调整 R^2	0.1300	0.1565
观测值	22281	20690

注：括号内为 T 统计量，*** 表示 1% 的显著性水平，** 表示 5% 的显著性水平，* 表示 10% 的显著性水平。

5.4.4　创新

表5.9 第（1）列展示了人力资本成本占比对创新投入的影响，发现人力资本成本占比与创新投入之间是显著的负关系，第（2）列中人力资本成本占比负显著，事实上创新投入本身是有助于提升企业绩效的，所以说人力资本成本占比通过降低企业对创新的投入而使其发挥了对企业绩效的负影响，但是中介效应量仅占 1% 左右。至此证明创新在人力资本成本占比影响企业绩效中发挥中介效应，但是中介量非常弱。

表 5.9　　　　　　　人力资本成本占比、创新与企业绩效

变量	（1）	（2）
人力资本成本占比	-0.2161 * (-1.94)	-0.0071 * (-1.80)
创新投入		0.0003 (1.51)
前十大股东持股比例	-0.0113 (-0.01)	0.0851 *** (6.39)
总资产对数	-0.1143 (-0.71)	-0.0170 *** (-6.11)
流通市值对数	-0.2771 * (-1.94)	0.0133 *** (5.37)
资产负债率	0.1120 (0.89)	-0.1002 *** (-46.33)
托宾 Q	0.0286 (1.10)	-0.0019 *** (-4.27)
市盈率	-0.0098 (-0.71)	0.0002 (0.65)
$Firm-fe$	Y	Y
$Time-fe$	Y	Y
调整 R^2	0.2124	0.3148
观测值	13825	13825

注：括号内为 T 统计量，*** 表示 1% 的显著性水平，** 表示 5% 的显著性水平，* 表示 10% 的显著性水平。

表 5.10 第（1）列中人力资本结构高级化对创新投入的回归系数显著为正，说明随着人力资本结构水平的不断提高，企业对创新的投入也会提高，第（2）列创新投入和人力资本结构高级化回归系数都显著为正，说明创新投入是人力资本结构高级化影响企业绩效的渠道之一，但是中介效用量仅为 3.3%，即人力资本可以通过刺激创新投入发挥创造价值的积极作用。

表 5.10　　　　　　　　　人力资本结构高级化、创新与企业绩效

变量	（1）	（2）
创新投入		0.0083 ** （2.30）
人力资本结构高级化	0.4556 * （1.8）	0.1155 *** （4.47）
资产负债率	− 2.7971 *** （− 4.67）	0.0743 （0.74）
市净率	− 0.0142 （− 0.95）	0.065 *** （19.12）
员工人数对数	− 0.2612 （− 1.48）	0.0648 ** （2.95）
流通市值对数	0.2728 ** （2.11）	0.7262 *** （29.78）
前十大股东持股比例	− 0.02868 ** （− 2.98）	0.0043 *** （4.11）
总资产对数	0.0748 （0.36）	− 0.9171 *** （− 30.98）
独立董事占比	1.8038 （1.25）	0.3732 （1.32）
董事与总经理兼任	− 0.0904 （− 0.48）	− 0.0784 ** （− 2.13）
Firm − fe	Y	Y
Time − fe	Y	Y
调整 R^2	0.7065	0.4002
观测值	5648	5662

注：括号内为 T 统计量，*** 表示 1% 的显著性水平，** 表示 5% 的显著性水平，* 表示 10% 的显著性水平。

人力资本和创新是公司的两种不同战略资源，因此检验两者的交互作用是否有利于提升企业绩效。表 5.11 第（1）列的人力资本结构

与创新水平的交互项显著为负，从人力资本结构高级化角度证明人力资本结构与创新之间的交互作用不但没有发挥正的积极作用，反而不利于提升企业绩效；第（2）和第（3）列按照人力资本结构水平分组，每年分为三组，每年调整一次分组，结果发现人力资本结构水平最高组的人力资本结构与创新水平的交互项虽不显著但是为正，最低组的交互项为负，但也不显著；第（4）和第（5）列按照创新水平分组，每年分为三组，每年调整一次分组，发现不论是创新水平最高组还是最低组的人力资本结构与创新水平的交互项都不显著但是为正；第（6）和第（7）列按照人力资本结构和创新水平双变量分组，每年首先按照人力资本结构水平分为三组，在每组内按照专利申请水平再分三组，每年调整一次分组，发现最高组的人力资本结构与创新水平的交互项不显著但是为正，最低组的人力资本结构与创新水平的交互项不显著但是为负。该分组说明人力资本和创新的交互作用能否发挥积极作用受人力资本结构水平影响。

表 5.11　　　　　　　人力资本结构高级化与创新交互作用（1）

解释变量	全样本（1）	按人力资本结构分组		按创新水平分组		人力资本与创新双变量分组	
		高（2）	低（3）	高（4）	低（5）	高（6）	低（7）
人力资本结构高级化水平	0.4916 ***（5.23）	− 1.0778（− 1.04）	0.1550（0.92）	− 0.1618（− 1.29）	0.5495 **（2.41）	− 0.0262（− 0.09）	− 2.7502（0.93）
人力资本结构 × 创新水平	− 0.00003 ***（− 5.54）	0.0048（0.58）	− 0.00000（− 0.02）	3.46e − 06（0.04）	0.0042（0.19）	0.00004（0.27）	− 0.1263（− 1.27）
创新水平	0.0012（0.96）	− 0.0475（− 0.59）	− 0.0002（− 0.13）	− 0.0001（− 0.22）	− .0445（− 0.20）	− 0.0005（− 0.36）	1.2003（0.27）
资产负债率	− 1.2831 ***（− 9.23）	− 2.6845 ***（− 9.95）	− 0.0498（− 0.10）	− 1.8533（− 5.96）	− 1.3343 ***（− 3.19）	− 0.5258（− 0.70）	− 3.6274 ***（− 6.53）
公司规模	1.2984 ***（44.74）	1.0306 ***（19.35）	1.8242 ***（18.56）	0.8096 ***（15.36）	1.8292 ***（16.37）	0.9899 ***（8.03）	1.3657 ***（10.89）
资产增长	0.0035（1.51）	− 0.0514 **（− 2.85）	0.0036（0.09）	− 0.0029（− 0.88）	− 0.1863 **（− 2.85）	0.0868（0.72）	− 0.6111 ***（− 3.91）

续表

解释变量	全样本 (1)	按人力资本结构分组		按创新水平分组		人力资本与创新双变量分组	
		高 (2)	低 (3)	高 (4)	低 (5)	高 (6)	低 (7)
净资产收益率	0.0007 (1.29)	0.0215*** (3.10)	0.0004 (0.26)	0.1474*** (3.55)	0.0088 (2.96)	0.2908 (1.48)	0.1254 (0.70)
调整 R^2	0.4612	0.4978	0.4666	0.5180	0.4254	0.5086	0.4957
$Firm-fe$	Y	Y	Y	Y	Y	Y	Y
$Time-fe$	Y	Y	Y	Y	Y	Y	Y

注：括号内为 T 统计量，*** 表示1%的显著性水平，** 表示5%的显著性水平，* 表示10%的显著性水平。

表5.12第（8）和第（9）显示人力资本结构与创新水平的交互项都负显著，说明目前人力资本与创新之间还没形成积极的协调作用，且与企业产权性质无关。第（10）列到第（14）报告了按行业分类的结果，发现房地产和公用事业的人力资本与创新的交互项虽不显著但为正，工业行业中人力资本与创新的交互项负显著，商业和综合行业中人力资本与创新的交互项为负但不显著，这说明人力资本与创新的协调作用与行业性质有一定关系。

表5.12　　　　　　　人力资本结构高级化与创新交互作用（2）

解释变量	按产权性质分组			按行业性质分组			
	国企 (8)	民企 (9)	房地产 (10)	工业 (11)	公用事业 (12)	商业 (13)	综合 (14)
人力资本结构高级化水平	0.0680 (1.15)	0.6194*** (5.94)	0.0245 (0.39)	0.8620*** (11.80)	0.1516 (0.73)	0.0350 (0.47)	0.1299 (0.58)
人力资本结构×创新水平	-0.0003** (-2.56)	-0.0006** (-2.46)	0.0442 (1.57)	-0.1153*** (-6.53)	0.0032 (1.59)	-0.0508 (-1.13)	-0.0789 (-1.32)
创新水平	0.0024** (2.35)	0.0058** (2.10)	-0.0001 (-1.17)	-0.0001** (-2.49)	-0.1516* (-1.70)	0.0150*** (4.53)	-0.0001 (-0.05)
资产负债率	-1.2613*** (-8.98)	-1.2927*** (-5.79)	-1.771*** (-4.64)	-1.2845*** (-8.72)	-0.9432 (-1.51)	-1.3575*** (-3.31)	-2.2817*** (-4.72)

解释变量	按产权性质分组			按行业性质分组			
	国企 (8)	民企 (9)	房地产 (10)	工业 (11)	公用事业 (12)	商业 (13)	综合 (14)
公司规模	0.9583 ** (−2.56)	1.5149 *** (26.50)	0.2629 *** (5.68)	1.1866 *** (36.67)	2.2043 *** (18.42)	0.7155 *** (7.04)	1.1789 *** (10.31)
资产增长	−0.0467 *** (−4.41)	0.0051 (1.53)	−0.0623 (−1.04)	−0.0699 *** (−5.63)	−0.0248 *** (−4.03)	−0.1203 (−2.10)	0.1037 (0.40)
净资产收益率	0.0024 *** (4.49)	0.0020 (1.06)	0.0027 (1.08)	0.0305 *** (6.24)	0.8079 *** (6.37)	−0.0971 (−3.09)	0.4264 ** (2.59)
调整 R^2	0.5316	0.4670	0.6165	0.5550	0.5009	0.5464	0.5856
$Firm-fe$	Y	Y	Y	Y	Y	Y	Y
$Time-fe$	Y	Y	Y	Y	Y	Y	Y

注:括号内为 T 统计量,*** 表示1%的显著性水平,** 表示5%的显著性水平,* 表示10%的显著性水平。

至此进一步证明了短期内人力资本结构与创新的交互作用不利于提升企业绩效,这种交互作用对企业绩效的影响与企业产权性质无关,受企业人力资本结构水平、行业性质的影响。

5.4.5 人才流动

表5.13 中的第(1)列至第(4)列从不同角度汇报了回归结果。第(1)列中全体员工变动为被解释变量,普通员工攀比心理系数显著为正,第(2)列中全体员工变动为被解释变量,管理层攀比心理系数不显著,鉴于管理层人员数量较少且变动成本较高,进一步将全体员工变动分为普通员工变动和管理层变动作为被解释变量,第(3)列和第(4)列中薪酬攀比系数都显著为正。最后,以企业业绩为因变量,对自变量攀比心理、员工变动进行回归,表5.13 中第(5)列至第(8)列报告了回归结果,第(5)列中普通员工薪酬攀比与员工变动的系数显著为正,分别为 0.0012 和 0.0250,且 0.0012 < 0.0287,说明人才流动在普通员工薪酬攀比影响企业绩效具有部分中介效应。第(6)列中 Sobel 检验的 Z 值为 1.334 > 0.97,说明人才流动在管理层薪酬攀比影响企业绩效具有部分中

介效应，第（7）、（8）列进一步从普通员工人员变动和管理层人员变动说明人才流动在人力资本攀比心理影响企业绩效中发挥部分中介效应。

表 5.13 员工变动的中介作用

变量	全体员工变动 （1）	全体员工变动 （2）	普通员工变动 （3）	管理层员工变动 （4）	全体员工变动中介效应 （5）	全体员工变动中介效应 （6）	普通员工变动中介效应 （7）	管理层员工变动中介效应 （8）
普通员工攀比	0. 0287*** (28. 52)		2. 1576*** (18. 27)		0. 0012*** (2. 87)		0. 0021*** (5. 08)	
管理层攀比		0. 00451 (0. 66)		0. 0037** (2. 87)		0. 0191*** (7. 22)		0. 0194*** (7. 29)
员工变动					0. 0249*** (8. 17)	0. 0250*** (7. 94)	0. 00001* (1. 96)	0. 0099* (1. 69)
资产负债率	- 0. 0183*** (- 4. 49)	- 0. 0164*** (- 3. 92)	- 0. 9231* (- 1. 67)	- 0. 0006 (- 0. 53)	- 0. 0286*** (- 17. 74)	- 0. 0497*** (- 25. 64)	- 0. 050*** (- 25. 86)	- 0. 0503*** (- 25. 89)
市净率	0. 00004 (0. 73)	0. 00003 (0. 62)	0. 0043 (0. 71)	0. 00002 (1. 09)	0. 0001*** (3. 25)	0. 0001** (2. 67)	0. 0001** (2. 76)	0. 0001** (2. 72)
员工规模	0. 2316*** (48. 79)	0. 2070*** (43. 30)	6. 8968*** (12. 20)	0. 0005 (0. 55)	- 0. 0193*** (- 9. 61)	- 0. 0189*** (- 9. 16)	- 1. 012*** (- 5. 79)	- 0. 0136*** (- 6. 95)
流通市值	0. 0034 (0. 68)	0. 0062 (1. 18)	- 0. 8188 (- 1. 29)	- 0. 0006 (- 0. 44)	0. 0315*** (15. 48)	0. 0325*** (14. 53)	0. 0343*** (15. 33)	0. 0327*** (14. 62)
管理层持股	0. 2080*** (4. 91)	0. 1940*** (4. 46)	7. 5809 (1. 36)	0. 0054 (1. 00)	0. 1015*** (6. 05)	0. 0789*** (4. 01)	1. 0914*** (4. 63)	0. 0826*** (4. 19)
总资产	- 0. 0200*** (- 3. 44)	- 0. 0088 (- 1. 46)	- 1. 4834** (- 2. 14)	- 0. 0053*** (- 4. 25)	0. 001 (0. 43)	- 0. 0039 (- 1. 61)	- 0. 0014 (- 0. 59)	- 0. 0043* (- 1. 74)
独立董事	0. 0424 (0. 72)	0. 0363 (0. 60)	- 2. 4035 (- 0. 34)	- 0. 2120*** (- 14. 56)	0. 0038 (0. 17)	0. 0017 (0. 07)	0. 0094 (0. 38)	0. 0059 (0. 24)
两职兼任	- 0. 0046 (- 0. 55)	- 0. 0033 (- 0. 38)	- 1. 6452 (- 1. 59)	- 0. 0006 (- 0. 31)	- 0. 0059* (- 1. 77)	- 0. 007** (- 1. 93)	- 0. 0059 (- 1. 63)	- 0. 0071* (- 1. 94)
Firm - fe	Y	Y	Y	Y	Y	Y	Y	Y
Time - fe	Y	Y	Y	Y	Y	Y	Y	Y
调整 R^2	0. 2875	0. 2531	0. 1743	0. 1158	0. 2384	0. 2549	0. 2505	0. 2519

注：括号内为 T 统计量，*** 表示1%的显著性水平，** 表示5%的显著性水平，* 表示10%的显著性水平。

　　表 5.14 中第（1）列的普通员工外部薪酬攀比回归系数显著为负，说明员工攀比行为会引发员工离职。第（2）列的普通员工外部薪酬攀比系数和员工离职的回归系数都显著，说明员工离职是普通员工外部薪酬攀比影响企业绩效的主要渠道之一，效应量为 64.3%。第（3）列至第（4）列报告了管理层员工离职的中介效应，第（3）列管理层外部薪酬攀比的回归系数为负但不显著，第（4）列当控制了年份和公司固定效应后，管理层外部薪酬攀比和管理层员工离职的回归系数都不显著，当不控制年份和公司固定效应时，这两个系数都显著，分别为 0.0133 和 -0.0041，相应的 Sobel 检验的 Z 值为 1.034 > 0.97，说明管理层离职在管理层外部薪酬攀比影响企业绩效中发挥部分中介效应，但是中介效应的效应量仅占1% 左右。综上所述，相对于管理层，普通员工的离职行为在其外部薪酬攀比影响企业绩效中发挥更显著的中介效应。表 5.13 和表 5.14 综合说明，攀比心理视角下人力资本会通过员工变化影响其创造价值的功能，对普通员工而言，离职行为是影响其人力资本创造价值的主要途径之一。

表 5.14　　　　　　　　　　　　员工离职的中介作用

变量	普通员工离职中介作用		管理层离职的中介作用		
	普通员工离职 （1）	中介作用 （2）	管理层离职 （3）	中介作用 （4）	中介作用 （5）
普通员工攀比	-0.0315 *** （-11.62）	0.0012 ** （2.09）			
管理层攀比			-0.0118 （-1.25）	0.0039 （1.59）	0.0133 *** （9.21）
员工离职		-0.0245 *** （-11.52）		-0.0006 （-0.25）	-0.0041 * （-1.86）
资产负债率	0.0274 ** （2.37）	-0.0517 *** （-21.29）	0.0406 *** （3.38）	-0.1133 *** （-36.38）	-0.0522 *** （-21.47）
市净率	0.00001 （0.63）	0.0001 *** （5.39）	0.0001 （1.40）	0.0001 ** （2.54）	0.0001 *** （5.25）
员工规模	-0.1446 *** （-17.07）	-0.0016 （-1.54）	0.0056 （0.66）	-0.0132 *** （-5.96）	-0.0023 ** （-2.25）

续表

变量	普通员工离职中介作用		管理层离职的中介作用		
	普通员工离职 （1）	中介作用 （2）	管理层离职 （3）	中介作用 （4）	中介作用 （5）
流通市值	− 0.0686 *** （ − 7.36）	0.0219 *** （18.18）	− 0.0109 （ − 1.14）	0.0312 *** （12.45）	0.0217 *** （17.99）
管理层持股	− 0.4202 *** （ − 4.36）	0.0176 ** （2.66）	0.1431 （1.43）	0.0823 *** （3.17）	0.0229 *** （3.47）
总资产	− 0.0112 （ − 1.06）	− 0.0101 *** （ − 7.30）	− 0.0079 （ − 0.72）	− 0.0071 ** （ − 2.48）	− 0.0112 *** （ − 8.13）
独立董事	0.0105 （0.67）	0.0002 （0.06）	− 0.0013 （ − 0.08）	− 0.0099 ** （ − 2.36）	− 0.0001 （ − 0.04）
两职兼任	− 0.1906 ** （ − 1.83）	− 0.0216 （ − 1.21）	1.5181 *** （14.08）	0.0037 （0.13）	− 0.0181 （ − 1.01）
$Firm-fe$	Y	Y	Y	Y	N
$Time-fe$	Y	Y	Y	Y	N
调整 R^2	0.1757	0.1071	0.1534	0.1051	0.0707

注：括号内为 T 统计量，*** 表示1%的显著性水平，** 表示5%的显著性水平，* 表示10%的显著性水平。

5.4.6　生产率

表5.15 中第（1）列中人力资本结构高级化指数系数显著为正，表5.15 第（2）列中人力资本结构高级化指数显著为正，劳动生产率的回归系数为0.0043，且显著，说明劳动生产率是人力资本结构高级化影响企业绩效的渠道之一，但是中介效应占总效应的比例为3%。

表5.15　　　　人力资本结构高级化、劳动生产率与企业绩效

变量	（1）	（2）
人力资本结构高级化	0.0586 ** （2.34）	0.0079 *** （3.55）
劳动生产率		0.0043 *** （6.67）

变量	(1)	(2)
资产负债率	0.6434*** (10.03)	0.0092 (1.63)
市净率	-0.0052*** (-9.14)	0.0001 (1.32)
员工人数自然对数	-0.2024*** (-13.21)	0.0122*** (7.88)
流通市值对数	0.1703*** (11.01)	0.0125*** (9.04)
前十大股东持股比例	0.0059*** (5.61)	0.0005*** (5.53)
总资产自然对数		-0.0282*** (-14.78)
独立董事占比	0.3137* (1.65)	-0.0041 (-0.25)
董事与总经理兼任（兼任为1，不兼任为0）	0.0119 (0.53)	0.0120*** (6.20)
$Firm-fe$	Y	Y
$Time-fe$	Y	Y
调整 R^2	0.5410	0.4260
观测值	19123	19123

注：括号内为 T 统计量，*** 表示1%的显著性水平，** 表示5%的显著性水平，* 表示10%的显著性水平。

表5.16第（1）列、第（2）列显示，管理层外部薪酬攀比动机越弱越有利于提升劳动生产率，劳动生产率在管理层人力资本创造价值中发挥中介效应，Sobel 检验的 Z 值为 1.59 > 0.96，劳动生产率发挥部分中介效益，中介量为13.5%。表5.16第（3）列和第（4）列显示，劳动生产率不是普通员工人力资本影响企业绩效的渠道，因为其相应的 Sobel 检验的 Z 值为 0.35 < 0.96，所以劳动生产率在普通员工人力资本影响企业绩效中不发挥中介效应。同理由表5.17第（3）列、第（4）列可知全要素生产率在管理层外部薪酬攀比与企业绩效中发挥中介效应，中介效应量为3%。

相对于普通员工，劳动生产率和全要素生产率是管理层人力资本创造价值的中间途径。

表 5.16　　　　　　　人力资本攀比心理、劳动生产率与企业绩效

变量	(1)	(2)	(3)	(4)
管理层攀比心理	0.0578 *** (7.02)	0.0026 * (1.69)		
普通员工攀比心理			0.0003 (0.34)	0.0118 *** (10.86)
劳动生产率		0.0025 ** (2.26)		0.0167 ** (3.05)
资产负债率	0.1498 *** (4.49)	− 0.1558 *** (− 24.55)	0.1215 *** (3.86)	− 0.5763 *** (− 14.51)
市净率	− 0.0014 *** (− 8.37)	0.0044 *** (99.11)	− 0.0013 *** (− 8.19)	0.0068 *** (33.27)
员工规模	− 0.7282 *** (− 98.88)	− 0.0031 ** (− 2.37)	− 0.7371 *** (− 104.36)	− 0.0402 *** (− 4.11)
流通市值	0.1089 *** (12.64)	0.0089 *** (4.84)	0.1124 *** (14.09)	0.0775 *** (7.69)
管理层持股	0.0005 (0.94)	0.0002 ** (2.10)	0.0009 * (1.98)	− 0.0018 ** (− 2.93)
总资产	0.5789 *** (59.83)	0.0218 *** (11.54)	0.5936 *** (64.78)	− 0.1537 *** (− 12.80)
独立董事	0.0334 (0.35)	− 0.0171 (− 0.88)	− 0.0419 (− 0.46)	0.0133 (0.12)
两职兼任	0.0036 (0.28)	0.0066 ** (2.63)	0.0040 (0.34)	0.1362 *** (9.05)
$Firm - fe$	Y	Y	Y	Y
$Time - fe$	Y	Y	Y	Y
调整 R^2	0.5728	0.1755	0.5751	0.1924
观测值	50426	50426	54288	54288

　　注：括号内为 T 统计量，*** 表示 1% 的显著性水平，** 表示 5% 的显著性水平，* 表示 10% 的显著性水平。

表 5.17　　　　　　　　攀比心理下人力资本、TFP 与企业绩效

变量	（1）	（2）	（3）	（4）
普通员工攀比心理	0.0011 * （1.74）	0.0004 （0.55）		
管理层攀比心理			0.0116 ** （2.18）	0.0065 *** （3.58）
TFP		0.0176 （1.32）		0.0179 *** （6.44）
资产负债率	− 0.0446 ** （− 2.07）	− 0.1269 *** （− 16.91）	− 0.0293 （− 1.28）	− 0.1253 *** （− 16.67）
市净率	− 0.0011 *** （− 9.28）	0.0026 *** （44.10）	− 0.0011 *** （− 9.17）	0.0027 *** （44.11）
员工规模	− 4.244 *** （− 91.10）	− 0.0001 （− 0.05）	− 0.4251 *** （− 88.02）	− 0.0003 （− 0.25）
流通市值	0.0814 *** （15.40）	0.0138 *** （6.46）	0.0799 *** （13.95）	0.0126 *** （5.85）
管理层持股	0.0018 *** （5.47）	0.0003 *** （3.83）	0.0018 *** （5.03）	0.0004 *** （4.10）
总资产	0.7507 *** （121.24）	0.0066 ** （3.14）	0.7501 *** （114.77）	0.0059 ** （2.81）
独立董事	− 0.0542 （− 0.89）	− 0.0339 （− 1.45）	0.0025 （0.04）	− 0.0352 （− 1.50）
两职兼任	− 0.0098 （− 1.18）	0.0068 ** （2.10）	− 0.0139 （− 1.59）	0.0035 （2.04）
Firm − fe	Y	N	Y	N
Time − fe	Y	Y	Y	Y
调整 R^2	0.5188	0.1026	0.5227	0.1042
观测值	23010	21284	21284	21284

注：括号内为 T 统计量，*** 表示 1% 的显著性水平，** 表示 5% 的显著性水平，* 表示 10% 的显著性水平。

表 5.18 第（1）列中人力资本结构高级化回归系数显著为正，第（2）列中人力资本高级化的回归系数为 0.007，TFP 的回归系数为 0.0328，两

者都显著，说明从人力资本结构高级化视角可知 TFP 在人力资本结构与企业绩效中发挥中介效应，且中介效应量为 65.89%。

表 5.18　　　　　　　　人力资本结构高级化、TFP 与企业绩效

变量	（1）TFP	（2）ROA
人力资本结构高级化	0.1406 *** （13.66）	0.0070 *** （7.90）
TFP		0.0328 *** （25.77）
资产负债率	0.5303 *** （19.88）	− 0.0840 *** （− 28.86）
市净率	− 0.0031 （− 7.86）	0.0001 （1.47）
员工规模	0.0272 *** （4.37）	0.0109 *** （20.54）
前十大股东持股	0.0041 *** （9.33）	0.0004 *** （9.35）
独立董事	− 0.0836 （− 1.07）	− 0.0310 ** （− 2.93）
两职兼任	0.0791 *** （8.59）	− 0.0048 *** （− 3.68）
$Firm-fe$	Y	Y
$Time-fe$	Y	Y
调整 R^2	0.5683	0.0957
观测值	19112	19112

注：括号内为 T 统计量，*** 表示 1% 的显著性水平，** 表示 5% 的显著性水平，* 表示 10% 的显著性水平。

表 5.19 第（1）列人力资本成本占比回归系数显著为负，说明人力资本成本的上升会阻碍 TFP 的提高，第（2）列中人力资本成本占比显著为负，TFP 的回归系数显著为正，事实上 TFP 的提高有利于企业绩效的提高，说明人力资本成本占比会通过阻碍 TFP 的提升而降低企业绩效，中介效用量为 63.6%。

表 5.19　　　　　人力资本成本占比、TFP 与企业绩效

变量	（1）TFP	（2）ROA
人力资本成本占比	−0.0203 *** （−5.47）	−0.0016 ** （−2.85）
TFP		0.0501 *** （46.28）
前十大股东持股	0.0045 *** （12.28）	0.0013 *** （21.89）
总资产	0.3728 *** （51.17）	−0.0428 *** （−35.22）
流通市值	0.1019 *** （15.44）	0.01528 *** （15.60）
资产负债率	0.0841 ** （3.02）	−0.0147 *** （−3.37）
托宾 Q	−0.0016 *** （−6.25）	−0.0006 *** （−14.73）
市盈率	0.0001 （0.58）	−0.00004 * （−1.72）
$Firm-fe$	Y	Y
$Time-fe$	Y	Y
调整 R^2	0.2186	0.3708
观测值	25408	25408

注：括号内为 T 统计量，*** 表示 1% 的显著性水平，** 表示 5% 的显著性水平，* 表示 10% 的显著性水平。

5.5　本章小结

本章人力资本价值创造机理探索部分涉及调节效应和中介效应两部分。在调节效应中，依次检验了外部环境、内部激励和高管特征（过度自信）对人力资本创造价值的影响，结论如下：经济政策不确定性使人力资本成本占比对企业绩效的负面影响更显著，经济政策不确定性在外部薪酬

攀比与企业绩效之间发挥负调节作用；劳动保护在人力资本成本占比与企业绩效之间发挥负调节作用；企业内部薪酬差在普通员工外部薪酬攀比影响企业绩效中发挥更显著的正向调节作用，即内部薪酬差的增大有助于普通员工人力资本发挥更积极的价值创造功能，内部薪酬差在人力资本结构高级化与企业绩效之间发挥负调节作用；高管过度自信在人力资本成本占比与企业绩效的关系中发挥正调节作用，在普通员工攀比心理影响人力资本创造价值中发挥正调节作用，在管理层攀比心理影响人力资本创造价值中发挥负调节作用。

在中介效应分析中发现：攀比心理视角下人力资本影响企业绩效的主要途径是人才流动，对普通员工而言离职是其人力资本影响企业绩效的主要途径之一，对管理层而言其人力资本还通过影响劳动生产率和全要素生产率影响企业绩效；人力资本成本占比和人力资本结构高级化影响企业绩效的主要途径之一是影响全要素生产率的变化，人力资本成本占比的上升会造成全要素生产率的下降而使人力资本成本占比在企业绩效中发挥负面影响；人力资本结构高级化有助于全要素生产率的提升，从而使人力资本结构高级化发挥积极的创造价值的功能。

第6章

人力资本对股票收益的影响及机理

第4章和第5章的分析证明，不论是从成本视角、攀比视角还是特征视角看，人力资本都影响企业的绩效。企业市场价值即股票收益是企业绩效的风向标，因此理论上人力资本能够影响股票收益，那么人力资本到底对股票收益有怎样的影响呢？不同度量视角下人力资本对股票收益的影响是否相同？其影响机理如何？

6.1 假设提出

6.1.1 信息传递渠道

攀比心理不仅影响人力资本的行为，还会释放有价信息对外部市场，如托达和沃尔什（Toda and Walsh，2016）、马修（Matthieu，2017）都基于不同数据发现收入分配的不公平负向预测股票收益。当员工通过外部薪酬对比获得相对较高的薪酬公平感时，一方面其会努力工作，这种积极影响会反映到企业股票层面；另一方面当员工通过外部薪酬对比发现自己处于相对优势时，其会增加持有本公司股票的动机，同时也会给身边的亲朋好友传递企业积极信息，进而通过社会网络的传播对本公司起到积极宣传作用，最终市场上投资者会提高持有该公司股票的动机从而推动股票收益上涨。同理，人力资本结构的提升一方面有助于提升企业业绩，另一方面能够传递企业发展前途较好的积极信号给市场投资者。基于此本节提出假设 H6 - 1。

H6 - 1a：人力资本攀比心理越弱，股票预期收益率越高，即外部薪酬公平感越高、股票预期收益率越高。

H6 - 1b：人力资本结构高级化能够正向预测股票收益。

6.1.2　调整成本渠道

人力资本结构的变化能够向市场释放企业相关信息，且人力资本成本能够通过影响企业风险从而影响股票收益。在第 5 章分析中发现攀比心理视角下人力资本影响企业业绩的主要途径是人才流动（即员工变化），相比于外部薪酬攀比行为，员工变化更容易被市场投资者观察到，更容易释放有价信息到股票市场，且员工变化还受人力资本调整成本的影响。已有研究证明员工变化会影响股票收益，例如：莫兹和亚希夫（Merz and Yashiv，2007）通过设定常替代弹性生产函数，引入劳动调整成本函数，从理论角度证明在有摩擦的劳动市场中企业员工数量变化影响股票收益；科尼奥蒂斯和库马尔（Korniotis and Kumar，2013）基于宏观层面研究发现失业率与股票收益正相关；贝罗等（Belo et al.，2014）在莫兹和亚希夫（Merz and Yashiv，2007）的基础上进一步从实证角度证明员工变化与股票收益之间负相关。事实上，由于企业对员工不具有完全控制性，员工具有决定何时离开的自主性，特别是人力资本的流动性相对更高，因此员工变化会影响企业利润以及影响投资者信心。具体而言，一方面，员工变化率高的企业短期内未必能够给企业创造利润，反而会增加企业成本从而使企业利润下降，进而反映到资本市场。另一方面，员工变化率高的公司相对发展势头比较好，会传递给投资者积极信息使这些公司的股票在当期被过高估计，员工数量变化率低的公司其发展势头相对弱，更容易传递给投资者消极信息使这些公司的股票在当期被低估。根据股票收益回归价值层面的理念，并结合国内外研究成果提出假设 H6 - 2。

H6 - 2：人力资本数量变化与股票收益负相关。

6.1.3　风险传播渠道

由于企业劳动成本的变化可以通过劳动力平均成本和总成本两方面衡量，因此学术界从这两个方面分析劳动成本对股票收益的影响。当坦和唐纳森（Danthine and Donaldson，2002）通过一般动态均衡模型说明，由于劳动合同的存在，因此工资的支付具有优先索赔权和稳定性，这使得企业所有者面临现金流增大的风险。李和帕罗米诺（Li and Palomino，2014）从理论角度证明名义工资黏性影响股票收益，法维路基斯和林（Favilukis and Lin，2016a）发现工资重新谈判的频率影响资产定价，两者共同说明由于工资变化具有黏性特点，因此会提高公司的经营杠杆风险，加大利润和股利的波动及不确定性。进一步，多纳格罗等（Donangelo et al.，2019）构建劳动杠杆指标，发现劳动杠杆与股票收益正相关。

具体到本章要研究的人力资本成本，在我们阅读到的文献中，没有发现有直接研究其对资产定价影响的。当前国内有关劳动成本占比的研究主要集中在宏观层面，探索其变化趋势、变化原因以及影响后果三方面，且形成较为统一的共识。微观层面基于劳动成本的研究大多集中在分析薪酬差距对企业绩效、创新等的影响（李绍龙等，2015；罗宏等，2016），而从劳动成本占比出发的研究相对较少，在阅读文献中，与此指标构建类似的研究有：方军雄（2011b）基于2001~2008年上市公司发现劳动收入份额呈上升趋势，常进雄和王丹枫（2011）基于1998~2009年上市公司发现劳动收入份额先下降后上升，文雁兵和陆雪琴（2018）基于中国工业企业数据库发现企业层面劳动收入份额呈下降趋势，魏汉泽和许浩然（2016）发现员工薪酬占比与企业绩效之间存在负关系。

人力资本成本占比即人力资本成本在企业产出中所占比例，劳动成本黏性的存在使人力资本成本变化相对产出变化较为缓慢。具体而言：（1）工资具有黏性。企业劳资双方一般签有劳动合同，且工资具有稳健特征以及受政府管制等特点，因此短期内企业不能即刻调整员工工资。（2）劳动力供给结构变化和就业保护政策日臻完善使劳动成本呈现"棘轮效应"，即随着人口红利的逐渐消失和就业保护相关政策的不断完善，当前劳动成本呈不断上升态势。（3）劳动力数量变化具有向下约束性。当业务量收缩时，如果管理者对企业未来壮志凌云，其为了防止将来业务量回升时增加员工需付出更高的调整成本，则不会即刻调整劳动数量；此外管理者出于自利动机希望增强自己对企业的控制，因此其在减少资源投入方面非常谨慎，尤其是劳动力的变动受情感因素的制约。而且裁员对外传递的信息多为负面信息，人们容易对企业产生质疑，而这并不利于企业的发展，所以短期内企业不倾向采取裁员方式。总之，人力资本成本的缓慢变化使其与企业产出变化呈不对称关系。

劳动成本黏性使人力资本成本占比具有将宏观经济风险和企业微观经营风险连接起来的桥梁作用，能反映宏观经济环境变化后，企业经营风险被放大的事实。因为企业的生产和收入受宏观经济的影响，当宏观经济环境处于上升繁荣期时，市场需求旺盛，投资者对未来前景预期良好，从而有利于促进企业扩大投资再生产，包括加大劳动要素的投入。而当宏观经济环境处于萧条和衰退期时，受外部产品市场需求下降的影响，企业生产和投资出现下滑，此时企业之前过度投资隐含的效率低下等问题会凸显出来，企业需要权衡已投入劳动力的收益和付出的成本，但是企业管理层更多的是控制资源规模而非降低或最低限度降低薪酬。因此，人力资本成本变化与企业产出变动的非对称性使劳动资源不能达到最优配置且降低劳动成本的利用率，同时由于企业不能及时适应外部市场变化而增加企业生产经营的不确定性和风险，进一步提高企业的决策风险和管理者对未来收入认识和判断的难度，致使企业管理者无法准确预测盈余，放大所有者股权收入的波动水平和股票收益风险，即人力资本成本占比具有放大企业经营风险的杠杆作用。根据第 3 章中构建的基于风险视角的人力资本与股票收益的模型，提出假设 H6 - 3。

H6 - 3：人力资本成本占比能够正向预测股票收益。

6.2　实证分析模型

按照卢埃森和内格尔（Lewellen and Nagel，2006）的方法估计代表公司风险的条件 β。首先根据式（6.1）通过月度收益滚动回归估计出回归系数 β_{i0} 和 β_{i1}，滚动回归的窗口期为一年，然后根据式（6.2）计算条件 $Beta_i$。

$$R_{i,t} = \alpha_i + \beta_{i0}R_{M,t} + \beta_{i1}R_{M,t-1} + \varepsilon_{i,t} \quad (6.1)$$
$$Beta_i = \beta_{i0} + \beta_{i1} \quad (6.2)$$

其中，$R_{i,t}$ 表示单只股票月收益，$R_{M,t}$ 表示 t 期综合 A 股市场收益，由于 $R_{M,t}$ 有根据流通市值加权得到的综合市场收益、总市值加权得到的综合市场收益和等权加权得到的综合市场收益三种类型，因此也相应计算了三种代表企业风险的 Beta，即根据流通市值加权的综合市场收益计算的企业风险、根据总市值加权的综合市场收益计算得到的企业风险和根据等权加权的综合市场收益计算得到的企业风险。

由第 3 章可知，人力资本成本占比与企业风险之间正相关，为检验两者的关系，参考前人（Tuzel and Zhang，2017；Kuehn et al.，2017）的做法，建立模型（6.3）。进一步，建立模型（6.4）检验人力资本成本占比与企业年股票收益之间的关系。

$$Beta_{i,t} = \beta_0 + \beta_1 ls_{i,t-1} + \beta control_{i,t-1} + u_i + \tau_t + \varepsilon_{i,t} \qquad (6.3)$$

$$YR_{i,t} = \beta_0 + \beta_1 ls_{i,t-1} + \beta control_{i,t-1} + u_i + \tau_t + \varepsilon_{i,t} \qquad (6.4)$$

β_1 是我们关心的变量，其在模型（6.3）和模型（6.4）中反映了人力资本成本占比对企业风险或股票收益的影响，如果 β_1 大于 0 且显著，则意味着人力资本成本占比越高企业面临风险越大、股票收益越高。

6.3　实证结果分析

6.3.1　信息传递

1. 攀比视角

表6.1报告了人力资本攀比心理对股票收益的影响，第（1）列至第（3）列说明不论是普通员工还是管理层或是同时考虑普通员工和管理层，其与股票收益之间都存在正显著的关系，即人力资本外部薪酬公平感越强，一方面其工作越努力积极，有利于企业业绩的提升，另一方面其会对外传递有关企业的积极信息，综合影响下有利于提升股票收益。但是这种影响是非常薄弱的，当控制了时间效益或是公司效益后，这种影响会不显著，因此可以说人力资本的攀比心理目前并没有充分传递到股票市场，即在一定程度上人力资本攀比心理在传递价值信息方面的作用并不强。

表6.1　　　　　　攀比心理影响下人力资本对股票收益的影响

变量	（1）	（2）	（3）
普通员工外部薪酬差	0.0021 * (2.13)		0.0022 ** (2.2)
管理层外部薪酬差		0.1067 *** (15.49)	0.1067 *** (15.49)
总资产对数	0.1743 *** (27.57)	0.1567 *** (24.52)	0.1563 *** (24.46)

续表

变量	(1)	(2)	(3)
资产负债率	−0.1762*** (−6.59)	−0.1484*** (−5.56)	−0.1475*** (−5.53)
流通市值对数	−0.3836*** (−59.46)	−0.3919*** (−60.88)	−0.3919*** (−60.89)
两职兼任	−0.0468*** (−3.63)	−0.0553*** (−4.30)	−0.0549*** (−4.28)
$Firm - fe$	N	N	N
$Time - fe$	N	N	N
调整 R^2	0.1370	0.1824	0.1825
观测值	20572	20572	20572

注：括号内为 T 统计量，*** 表示 1% 的显著性水平，** 表示 5% 的显著性水平，* 表示 10% 的显著性水平。

2. 特征视角

每年 6 月根据上一年年末人力资本结构（本科以上人员占比）将所有股票五等分或十等分，形成的组合持续一年，下一年 6 月重新调整组合，计算出从 2013 年 7 月到 2019 年 6 月组合的月时间序列均值，检验人力资本结构最高组与最低组之间的收益差是否显著。表 6.2 报告了人力资本结构十分组和五分组的等权权重和流通市值权重的月均值收益，发现不论是等权分组还是流通市值分组的五分组或十分组的最高组与最低组的收益差都显著，例如，基于市值加权形成的五分组和十分组中，高减低的组合收益差都在 10% 显著性水平上显著，分组的结果说明人力资本结构与股票收益之间正相关。

表 6.2   人力资本结构分组检验

本科以上人员占比					人力资本结构高级化			
分组	等权 加权	市值 加权	分组	等权 加权	市值 加权	等权 加权	市值 加权	
1	0.0143	0.0139	1	0.0138	0.0111	0.0092	0.0101	
2	0.0118	0.0022						

续表

本科以上人员占比			人力资本结构高级化				
分组	等权加权	市值加权	分组	等权加权	市值加权	等权加权	市值加权
3	0.0109	0.0098	2	0.0155	0.0139	0.0117	0.0114
4	0.0156	0.0151					
5	0.0082	0.0085	3	0.0099	0.0048	0.0159	0.0048
6	0.0125	0.0119					
7	0.0096	0.0094	4	0.0099	0.0018	0.0119	0.0116
8	0.0109	0.0111					
9	0.0152	0.0152	5	0.0184	0.0185	0.0162	0.0127
10	0.0239	0.0219					
10 − 1	0.0090 * (1.77)	0.0090 * (1.76)	5 − 1	0.0079 * (1.79)	0.0059 * (1.73)	0.0076 * (1.78)	0.0024 (0.379)

注：括号内为 T 统计量，*** 表示 1% 的显著性水平，** 表示 5% 的显著性水平，* 表示 10% 的显著性水平。

同理将衡量人力资本结构演变的人力资本结构高级化指数分组，发现仅在五分组的等权加权中最高组和最低组的组合收益差显著，说明本科以上人员占比衡量的人力资本结构对股票收益的影响更显著，所以在进一步探索人力资本结构对股票收益影响的分析中基于本科以上人员占比衡量人力资本结构。

表6.3 报告了人力资本结构分组的组合收益差，发现不论是基于三因子模型还是五因子模型，组合收益差都是显著的，说明存在五因子不能解释的风险溢价。

表 6.3　　　　人力资本结构分组被三因子和五因子解释的结果

三因子	1	2	3	4	5	5 − 1
截距项	0.014 (1.55)	0.009 (1.68)	0.009 ** (3.33)	0.011 ** (4.71)	0.044 * (2.08)	0.034 * (2.04)
市场因子	1.118 *** (15.23)	1.161 *** (9.07)	1.015 *** (10.66)	1.051 *** (7.14)	1.132 *** (3.91)	0.052 (0.52)

续表

三因子	1	2	3	4	5	5-1
规模因子	0.139 (0.27)	0.263 (1.01)	0.376** (2.58)	0.092 (0.35)	-0.48 (-0.62)	-0.984* (-1.78)
账市比因子	-1.269* (-1.75)	-0.561** (-3.47)	-0.663*** (-3.97)	-0.884*** (-2.86)	-1.986* (-2.08)	-1.22* (-1.92)
五因子	1	2	3	4	5	5-1
截距项	0.004 (0.4)	0.003 (0.83)	-0.001 (-0.24)	0.009 (1.24)	0.021* (1.98)	0.03* (2.17)
市场因子	0.99** (3.1)	1.111*** (20.65)	1.082*** (4.15)	0.676* (1.87)	0.863* (2.17)	-0.529 (-1.19)
规模因子	-0.294 (-0.33)	0.484*** (3.52)	1.655 (1.64)	0.177 (0.76)	0.626* (2.14)	-1.505 (-1.62)
账市比因子	-1.196 (-1.25)	-0.429** (-3.02)	-0.059 (-0.2)	-0.918** (-2.82)	-1.549* (-1.75)	-2.351 (-1.57)
盈利因子	-2.956 (-1.64)	-1.35** (-2.52)	0.741 (0.51)	-1.044 (-1.53)	-1.693*** (-3.78)	-0.408 (-0.51)
投资因子	-4.168 (-1.45)	-1.729 (-1.62)	-0.344 (-1.11)	-0.885* (-2.2)	-0.174 (-0.12)	-0.83** (-5.55)

注：括号内为 T 统计量，*** 表示 1% 的显著性水平，** 表示 5% 的显著性水平，* 表示 10% 的显著性水平。

由于人力资本结构有正的风险溢价，接下来参照法马和弗兰奇（Fama and French，1993）的方法买多人力资本结构高的组合，同时卖空人力资本结构低的组合，以买多—卖空获得的套利定义人力资本结构风险因子（LA），表示对人力资本结构的风险补偿。出于稳健性的考虑，以三种方式构建人力资本结构风险因子：（1）将股票分为 30% 人力资本结构比较低的股票、40% 人力资本结构居中的股票和 30% 人力资本结构比较高的股票，买多 30% 人力资本结构比较高的股票组合同时卖空 30% 人力资本结构比较低的股票组合（LA_{30-30}）；（2）将股票分为人力资本结构比较高的 40% 股票、人力资本结构居中的 20% 股票和人力资本结构比较低的 40% 股票，买多 40% 人力资本结构比较高的股票组合同时卖空 40% 人力资本结构比较低的股票组合（LA_{40-40}）；（3）将股票分为人力资本结构比较高的50%股票和人力资本结构比较低的50%股票，买多50%人力资本结构比较高的股票组合同时卖空50%人力资本结构比较低的股票组合（LA_{50-50}）。

　　将人力资本结构从高到低五等分或十等分，将人力资本结构最高组与最低组的月平均收益差（$return_{高-低}$）对市场风险溢价因子（$RmRf$）、规模因子（SMB）、账市比因子（HML）和人力资本结构风险因子（LA）回归，检验人力资本结构风险因子系数是否显著，如果显著，则认为人力资本结构是影响股票收益率的风险因子。表6.4报告了按人力资本结构从低到高十分组和五分组的最高组和最低组月收益均值差的三因子检验结果，人力资本结构风险因子的系数都在1%的显著性水平下显著为正，说明人力资本结构越高，股票超额收益率越高。同理，将人力资本结构最高组与最低组的月平均收益差（$return_{高-低}$）对 $RmRf$、SMB、HML、盈利因子（RMW）、投资因子（CMA）和人力资本成本占比风险因子回归。表6.5中人力资本成本占比风险因子的系数都在5%的显著性水平上显著为正。综合说明存在人力资本结构风险溢价，即人力资本结构是风险因子。

表6.4　　　　　　　三因子+人力资本结构风险因子回归结果

三因子	1	5	5-1	三因子	1	5	5-1
截距项	0.005*** (5.29)	0.005*** (5.95)	0.0004 (0.37)	截距项	0.005*** (5.01)	0.006*** (4.57)	0.0016 (1.37)
市场因子	1.053*** (18.06)	1.073*** (15.48)	0.0197 (0.78)	市场因子	1.047*** (20.02)	1.041*** (18.46)	-0.0063 (-0.28)
规模因子	0.836*** (8.77)	0.893*** (8.94)	0.0576* (2.00)	规模因子	0.812*** (8.59)	0.867*** (9.43)	0.0550 (1.2)
账市比因子	0.003 (0.02)	0.015 (0.06)	0.0113 (0.27)	账市比因子	-0.053 (-0.29)	-0.114 (-0.61)	-0.0616 (-0.76)
LA_{30-30}	-0.01 (-0.11)	1.065*** (1.48)	1.0749*** (16.82)	LA_{40-40}	-0.059 (-0.66)	1.159*** (16.44)	1.2176*** (9.35)
三因子	1	5	5-1	三因子	1	10	10-1
截距项	0.005*** (4.6)	0.009* (2.33)	0.0037 (1.05)	截距项	0.008*** (7.9)	0.005** (2.83)	-0.0036* (-2.22)

续表

三因子	1	5	5-1	三因子	1	10	10-1
市场因子	1.038 *** (23.26)	1.032 *** (24.58)	-0.0061 (-0.25)	市场因子	1.089 *** (12.55)	1.191 *** (12.61)	0.1014 (1.63)
规模因子	0.766 *** (9.11)	0.797 *** (8.92)	0.03117 (0.27)	规模因子	0.838 *** (6.37)	1.032 *** (7.9)	1.9131 *** (4.02)
账市比因子	-0.132 (-0.85)	-0.306 (-1.65)	-0.1743 (-0.82)	账市比因子	0.043 (0.14)	0.042 (0.12)	-0.0013 (-0.01)
LA_{50-50}	-0.166 (-1.42)	1.382 *** (14.56)	1.5475 *** (9.10)	LA_{30-30}	-0.028 (-0.19)	1.445 *** (15.11)	1.4729 *** (8.19)
三因子	1	10	10-1	三因子	1	10	10-1
截距项	0.008 *** (7.94)	0.007 *** (5.69)	-0.0013 (-0.75)	截距项	0.008 *** (7.99)	0.01 ** (3.33)	0.0019 (0.42)
市场因子	1.074 *** (13.32)	1.147 *** (14.5)	0.0728 (1.07)	市场因子	1.06 *** (16.00)	1.139 *** (17.04)	0.0783 (1.22)
规模因子	0.808 *** (6.55)	0.993 *** (8.53)	0.1849 *** (3.87)	规模因子	0.758 *** (6.90)	0.925 *** (8.37)	0.1669 (1.10)
账市比因子	-0.036 (-0.13)	-0.142 (-0.49)	-0.1065 (-0.83)	账市比因子	-0.115 (-0.51)	-0.348 (-1.11)	-0.2325 (-0.78)
LA_{40-40}	-0.098 (-0.73)	1.537 *** (9.7)	1.6351 *** (6.54)	LA_{50-50}	-0.218 (-1.13)	1.871 *** (9.91)	2.0882 *** (6.82)

注：括号内为 T 统计量，*** 表示 1% 的显著性水平，** 表示 5% 的显著性水平，* 表示 10% 的显著性水平。

表6.5　　　　　　　五因子 + 人力资本结构风险因子回归结果

五因子	1	5	5-1	五因子	1	5	5-1
截距项	0.007 ** (2.49)	0.012 ** (3.26)	0.0047 (0.77)	截距项	0.007 * (2.34)	0.013 *** (3.68)	0.0057 (0.96)
市场因子	1.172 *** (17.25)	1.287 *** (7.72)	0.1144 (0.7)	市场因子	1.19 *** (17.89)	1.297 *** (8.09)	0.1069 (0.66)
规模因子	0.545 * (1.9)	0.944 * (2.12)	0.3998 (1.34)	规模因子	0.545 * (1.94)	0.977 * (2.23)	0.4314 (1.44)

五因子	1	5	5－1	五因子	1	5	5－1
账市比因子	－0.002 (0.00)	0.53 (0.45)	0.5319 (0.59)	账市比因子	0.022 (0.06)	0.552 (0.47)	0.5303 (0.58)
盈利因子	－0.486 (－1.27)	－1.112 (－1.64)	－0.6259 ** (－2.49)	盈利因子	－0.448 (－1.19)	－1.081 (－1.64)	－0.6333 * (－2.62)
投资因子	0.174 (0.63)	－1.403 ** (－3.38)	－1.5765 (－1.64)	投资因子	0.17 (0.65)	－1.523 *** (－3.44)	－1.6929 * (－1.79)
LA_{30-30}	－0.268 ** (－2.44)	0.442 *** (5.44)	0.7104 *** (4.20)	LA_{40-40}	－0.298 * (－2.25)	0.511 *** (4.83)	0.8084 ** (3.82)
五因子	1	5	5－1	五因子	1	10	10－1
截距项	0.009 * (2.33)	0.015 *** (3.94)	0.0058 (1.02)	截距项	0.012 ** (2.44)	0.007 * (1.73)	－0.0053 (－0.98)
市场因子	1.213 *** (17.16)	1.347 *** (8.8)	0.1344 (0.88)	市场因子	1.171 *** (13.69)	1.199 *** (11.6)	0.0278 (0.16)
规模因子	0.499 (1.7)	0.945 * (2.06)	0.4457 (1.50)	规模因子	0.399 (0.92)	0.719 * (2.18)	0.3197 * (2.11)
账市比因子	－0.048 (－0.13)	0.494 (0.41)	0.5416 (0.59)	账市比因子	－0.206 (－0.45)	－0.745 (－1.32)	－0.5383 (－0.86)
盈利因子	－0.397 (－1.13)	－0.95 (－1.56)	－0.5537 * (－2.22)	盈利因子	－0.391 (－0.88)	－1.523 (－1.29)	－1.1316 * (－1.86)
投资因子	0.107 (0.43)	－1.616 ** (－3.37)	－1.7231 * (－1.83)	投资因子	0.652 (1.20)	－1.34 (－1.51)	－1.9920 (－1.34)
LA_{50-50}	－0.336 (－1.73)	0.7 *** (3.55)	1.0361 ** (3.86)	LA_{30-30}	－0.214 * (－2.00)	0.674 *** (7.66)	0.8878 *** (4.48)
五因子	1	10	10－1	五因子	1	10	10－1
截距项	0.01^{2} ** (2.39)	0.008 * (2.03)	－0.0045 (－0.79)	截距项	0.015 * (2.25)	0.012 * (1.82)	－0.0028 (－0.76)
市场因子	1.186 *** (14.14)	1.189 *** (11.32)	0.0038 (0.02)	市场因子	1.235 *** (17.07)	1.303 *** (10.05)	0.0675 (0.44)

续表

五因子	1	10	10 - 1	五因子	1	10	10 - 1
规模因子	0.401 (0.94)	0.761** (2.39)	0.3604* (2.11)	规模因子	0.349 (0.77)	0.692* (1.89)	0.3423* (2.23)
账市比因子	-0.19 (-0.42)	-0.733 (-1.34)	-0.5429 (-0.85)	账市比因子	-0.266 (-0.56)	-0.826 (-1.31)	-0.5601 (-0.91)
盈利因子	-0.365 (-0.83)	-1.55 (-1.31)	-1.1856* (-1.97)	盈利因子	-0.206 (-0.55)	-1.218 (-1.19)	-1.0121* (-1.70)
投资因子	0.638 (1.21)	-1.497 (-1.59)	-2.1347 (-1.44)	投资因子	0.575 (1.15)	-1.623 (-1.57)	-2.1988 (-1.49)
LA_{40-40}	-0.244* (-1.89)	0.737*** (7.34)	0.9810*** (4.20)	LA_{50-50}	-0.19 (-0.88)	1.104*** (4.54)	1.2935*** (4.09)

注：括号内为 T 统计量，*** 表示1%的显著性水平，** 表示5%的显著性水平，* 表示10%的显著性水平。

进一步，检验人力资本结构风险因子是否是冗余因子。表6.6 Panel A 中以人力资本结构风险因子为因变量，基于三因子模型发现截距项正显著，表明人力资本结构风险因子不能被三因子完全解释；Panel B 中以人力资本结构风险因子为因变量对五因子的回归中回归截距项不显著，表明人力资本结构风险因子被五因子解释，说明人力资本结构风险因子是冗余因子，即人力资本结构是影响股票收益的风险因子，但不是定价因子。

表6.6　　　　人力资本结构风险因子被其他因子解释的情况

Panel A：人力资本结构因子被三因子解释

HS_{30-30}作被解释变量		HS_{40-40}作被解释变量		HS_{50-50}作被解释变量	
截距项	0.009* (2.30)	截距项	0.007* (2.27)	截距项	0.004*** (3.74)
市场风险溢价因子	-0.016 (-0.15)	市场风险溢价因子	-0.002 (-0.03)	市场风险溢价因子	0.005 (0.1)
规模因子	-0.167* (-2.21)	规模因子	-0.156** (-2.38)	规模因子	-0.113* (-2.17)
账市比因子	-0.353*** (-3.86)	账市比因子	-0.286*** (-4.03)	账市比因子	-0.155*** (-3.55)

Panel B：人力资本结构因子被五因子解释					
HS_{30-30} 作被解释变量		HS_{40-40} 作被解释变量		HS_{50-50} 作被解释变量	
截距项	0.011 (1.4)	截距项	0.010 (1.06)	截距项	0.008 (1.13)
市场风险溢价因子	0.076 (0.43)	市场风险溢价因子	0.112 (0.54)	市场风险溢价因子	0.086 (0.52)
规模因子	0.417 (1.15)	规模因子	0.493 (1.30)	规模因子	0.343 (1.07)
账市比因子	0.937 (0.7)	账市比因子	1.177 (0.83)	账市比因子	0.873 (0.81)
盈利因子	-1.195* (-2.11)	盈利因子	-0.959** (-2.38)	盈利因子	-0.578** (-2.61)
投资因子	-2.174*** (-3.62)	投资因子	-1.911*** (-3.55)	投资因子	-1.365*** (-3.99)

注：括号内为 T 统计量，*** 表示 1% 的显著性水平，** 表示 5% 的显著性水平，* 表示 10% 的显著性水平。

6.3.2　调整成本

本节通过投资组合分析与面板回归相结合的方法发现员工变化与股票收益之间存在显著负相关关系。首先通过单变量分组检验人力资本数量变化（简称"员工变化"）的收益预测能力，每年 6 月根据上一年末员工变化率将所有股票五等分（十等分），形成的组合持续一年，下一年 6 月重新调整组合，计算出从 2000 年 6 月到 2017 年 6 月组合的月时间序列均值，检验员工变化率最高组与员工变化率最低组之间的收益差是否显著。表 6.7 的第（1）列报告了员工变化率十分组和五分组的月均值收益，五分组中员工变化率最低组的收益均值为 0.0186，员工变化率最高组的收益均值为 0.0149，最高组与最低组收益差显著，十分组的组合差同样也显著，分组的结果说明员工变化率与股票收益之间负相关。进一步通过二维投资组合检验员工变化对股票收益负向预测能力的稳健性，首先通过控制变量将股票五等分，然后在组合内根据员工变化率分组，对控制变量形成的五个组合的预期收益求算术平均值，这样可以消除控制变量对不同员工变化率组合预期收益的影响。在控制了其他因素后，检验高低组在持有期的收益是否显著。表 6.7 的第（2）列报告了分别控制投资和资产增长之后的组合预期收益。在控制投资和资产增长后，员工变化率高低组合收益的负向差异没有明显减弱，因此，二维投资组合分析进一步说明员工变化对股票收益有稳健的负向预测能力。面板回归的结果见表 6.7 第（3）列，同样发现员工变化的回归系数显著为负。总之，通过分组和回归相结合的方法证明假设员工变化能够负向预测股票收益。

表 6.7   人力资本数量变化对股票收益的影响

投资组合分析						回归分析	
（1）单变量分组				（2）双变量分组		（3）回归结论	
十分组		五分组		投资	资产增长	解释变量	回归系数
1	0.0186	1	0.0186	0.0192	0.0204	员工变化	-0.0569^{**} (-3.97)
2	0.0185					融资杠杆	-0.0117 (-1.48)
3	0.0151	2	0.0156	0.0180	0.0181	资产回报率	-0.0041 (-1.09)
4	0.0159					流通市值	0.6032^{***} (39.73)
5	0.0162	3	0.0157	0.0171	0.0174	资产增长	0.0012^{**} (2.37)
6	0.0151					公司规模	-0.3417^{***} (-23.16)
7	0.0156	4	0.0158	0.0176	0.0181	净资产收益率	0.0018 (0.79)
8	0.0159					股权集中度	0.0001 (0.19)
9	0.0163	5	0.0149	0.0167	0.0173	调整 R^2	0.5577
10	0.0135					$Firm-fe$	Y
1-10	0.0051^{**} (2.59)	1-5	0.0038^{**} (2.38)	0.0025^{*} (1.65)	0.0031^{*} (1.91)	$Time-fe$	Y

注：括号内为 T 统计量，*** 表示 1% 的显著性水平，** 表示 5% 的显著性水平，* 表示 10% 的显著性水平。

国有企业通常被赋予维护社会秩序、解决就业等政治任务，而民营企业在招聘或解雇员工方面相对比较自由，正如曾庆生和陈信元（2006）发现国企会比非国企聘用更多劳动者，而民营企业能够按照利润最大化要求相对自由地调整员工数量；廖冠民和沈洪波（2014）发现，不同于民企，国企在开除员工方面面临许多障碍。此外，由于经济发展水平限制，民营企业有关保障员工利益方面的制度相对欠缺，因此劳动保护水平的提高（调整成本的变化）对其影响会更显著，所以进一步分样本检验员工变化对股票收益的影响。

根据国泰安企业性质分类标准将全样本分为民企子样本和国企子样本。表 6.8 第（1）列的员工变化的系数和第（2）列员工变化与劳动调整成本交乘项的系数都显著为负。第（3）列和第（4）列的结果进一步表明，在法律执行效率高的区域中民营企业员工变化对股票收益的影响显著，而国有企业员工变化对股票收益的回归系数在两个分组中都不显著。相比于国有企业，民营企业中员工变化对股票收益的影响更显著，可能是由于国有企业和民营企业在员工规模调整方面存在差异，例如国有企业承担促进就业、降低失业的功能，通常不会轻易解雇员工，而民营企业能够根据生产需要相对自由地调整员工数量，因此民营企业员工变化更能反映企业市场信息。再加上国有企业在招聘和解雇员工方面的制度和政策相对民营企业更完善，因此调整成本（劳动保护水平）提高后对民营企业的影响更大，所以民营企业的员工变化对股票收益的影响更显著。鉴于法律执行效率高的区域上市公司占到上市公司总数的 84.35%，结合第（1）列、第（2）列的结果，综合证明民营企业中员工变化对股票收益的影响更显著，且劳动力调整成本发挥显著的调节作用。

表 6.8　　　　　　　　人力资本数量变化对股票收益影响的分类检验

解释变量	（1）		（2）		（3）法律执行效率低		（4）法律执行效率高	
	国企	民企	国企	民企	国企	民企	国企	民企
人力资本数量变化	-0.031 ** (-2.03)	-0.063 ** (-2.50)	-0.001 (-0.03)	-0.024 (-0.72)	-0.020 (-0.30)	-0.021 (-0.17)	-0.005 (-0.18)	-0.018 (-0.51)
人力资本数量变化×劳动调整成本			-0.051 * (-1.65)	-0.094 ** (-2.57)	-0.065 (-0.82)	-0.171 (-1.09)	-0.049 (-1.49)	-0.082 * (-1.92)

续表

解释变量	(1)		(2)		(3) 法律执行效率低		(4) 法律执行效率高	
	国企	民企	国企	民企	国企	民企	国企	民企
劳动调整成本			0.092 (1.23)	0.105 (0.52)	−0.686* (−1.87)	0.030 (1.01)	0.055 (0.67)	0.166 (1.12)
融资杠杆	0.089 (0.97)	−0.012 (−1.03)	0.107 (1.16)	−0.012 (−1.16)	0.797*** (9.77)	−0.025 (−1.60)	0.061 (0.84)	−0.006 (−1.39)
资产回报率	0.118** (1.99)	−0.004 (−0.74)	0.132** (2.08)	−0.004 (−0.81)	0.439*** (4.10)	−0.014 (−0.27)	0.101* (1.71)	−0.001 (−0.62)
流通市值	0.558** (25.40)	0.729** (20.18)	0.548*** (26.46)	0.715*** (24.08)	0.692*** (25.15)	0.449*** (12.29)	0.518*** (23.01)	0.733*** (37.87)
资产增长	0.005*** (7.65)	0.001** (2.63)	0.005*** (7.91)	0.001*** (9.82)	0.018*** (3.02)	0.002 (1.28)	0.005*** (9.04)	0.001*** (4.61)
公司规模	−0.323*** (−17.23)	−0.409** (−2.19)	−0.322*** (−18.47)	−0.399*** (−15.30)	−0.419*** (−18.27)	−0.324*** (−9.74)	−0.311*** (−16.55)	−0.404*** (−25.57)
净资产收益率	0.008 (1.19)	0.0003 (0.19)	0.007 (1.12)	−0.001 (−0.63)	0.008 (0.92)	0.031 (1.13)	0.007 (0.96)	−0.001 (−0.28)
股权集中度	−0.0004 (−0.42)	0.0003 (0.22)	−0.001 (−1.05)	−0.0001 (−0.08)	0.001 (0.47)	0.0004 (0.22)	−0.001 (−1.24)	−0.001 (−1.02)
法律环境指数			0.042*** (3.63)	0.064*** (2.77)				
调整 R^2	0.7088	0.6580	0.663	0.637	0.714	0.531	0.677	0.603
$Firm-fe$	Y	Y	Y	Y	Y	Y	Y	Y
$Time-fe$	Y	Y	Y	Y	Y	Y	Y	Y

注：括号内为 T 统计量，*** 表示1%的显著性水平，** 表示5%的显著性水平，* 表示10%的显著性水平。

　　人力资本在企业生产要素中具有举足轻重的地位，企业产出约70%都是弥补劳动成本（Pratt，2016），因此对劳动密集程度较高的企业，劳动保护水平的提高意味着调整成本和雇员成本的大幅上升，劳动保护对劳动密集型企业影响更深远。廖冠民和陈燕（2014）研究发现，相对于非劳动密集型行业，劳动密集型行业工人成本较高，由此导致的劳动投资效率的提高会促使股票收益的提高。基于此，进一步根据劳动密集程度分样本检验员工变化与股票收益的关系。

表 6.9 报告了每年将企业根据单位资产雇员数分为劳动密集型企业组和非劳动密集型企业组的结果，分类标准为高于中位数的为劳动密集型企业，低于中位数的为非劳动密集型企业，每年末调整一次分组。表 6.9 中的第（1）组和（2）组分别展示了劳动密集度不同的企业员工变化对股票收益的影响，第（1）组的员工变化系数和（2）组的员工变化与劳动调整成本交乘项系数说明相对于非劳动密集型企业，劳动密集型企业中员工变化对股票收益的影响更显著。第（3）组和第（4）组进一步说明，不论在法律执行效率高的区域还是法律执行效率低的区域，相对于非劳动密集型企业，劳动密集型企业员工变化对股票收益的回归系数都显著。综上所述，相对于非劳动密集型企业，劳动密集型企业中员工变化对股票收益的影响更显著，且劳动保护发挥正向调节作用，即劳动密集型企业受劳动力调整成本的影响更显著。

表 6.9　　　　　　人力资本数量变化对股票收益影响分类检验续表

解释变量	（1）		（2）		（3）法律执行效率低		（4）法律执行效率高	
	H	L	H	L	H	L	H	L
人力资本数量变化	-0.085*** (-3.17)	-0.035** (-2.10)	-0.003 (-0.11)	-0.008 (-0.28)	-0.021* (-1.78)	-0.021 (-0.17)	-0.007 (-0.20)	-0.018 (-0.61)
人力资本数量变化×劳动调整成本			-0.101*** (-3.50)	-0.056 (-1.61)	-0.133** (-2.12)	-0.124 (-1.34)	-0.1119** (-2.14)	-0.051 (-1.39)
劳动调整成本			0.009 (0.5)	0.056 (0.36)	1.397** (2.08)	1.071 (1.54)	0.139 (0.87)	0.136 (0.94)
融资杠杆	-0.020*** (-4.26)	0.019** (2.05)	-0.021*** (-4.35)	0.019** (2.15)	0.003** (2.13)	-0.005 (-0.11)	-0.020*** (-4.20)	0.019** (2.1)
资产回报率	-0.008*** (-3.47)	0.038 (1.33)	-0.008*** (-3.55)	0.035 (1.31)	0.028** (2.18)	0.096 (0.95)	-0.008*** (-3.43)	0.031 (1.14)
流通市值	0.724*** (23.53)	0.627*** (23.65)	0.727*** (24.26)	0.638*** (23.77)	0.602*** (16.10)	0.647*** (14.92)	0.718*** (20.42)	0.634*** (21.83)
资产增长	0.003 (1.35)	0.001*** (2.77)	0.003 (1.3)	0.001*** (2.73)	0.003*** (6.98)	0.002** (2.04)	0.003 (0.82)	0.001** (2.77)

续表

解释变量	(1)		(2)		(3) 法律执行效率低		(4) 法律执行效率高	
	H	L	H	L	H	L	H	L
公司规模	-0.439***	-0.368***	-0.344***	-0.365***	-0.309***	-0.371***	-0.412***	-0.363***
	(-13.34)	(-16.97)	(-12.92)	(-16.94)	(-11.62)	(-9.43)	(-12.01)	(-15.10)
净资产收益率	0.005	0.0002	0.005	0.001	0.007	0.001	0.004	0.0001
	(0.94)	(0.21)	(0.96)	(0.58)	(0.54)	(1.13)	(0.7)	(0.1)
股权集中度	-0.001	0.001	-0.001	0.0002	-0.001	0.002	-0.002	0.0004
	(-1.08)	(1.01)	(-1.02)	(0.20)	(-0.53)	(0.98)	(-1.32)	(0.30)
法律环境指数			0.045**	0.049**				
			(2.54)	(2.43)				
调整 R^2	0.711	0.702	0.711	0.700	0.668	0.669	0.713	0.694
Firm-fe	Y	Y	Y	Y	Y	Y	Y	Y
Time-fe	Y	Y	Y	Y	Y	Y	Y	Y

注：括号内为 T 统计量，*** 表示1%的显著性水平，** 表示5%的显著性水平，* 表示10%的显著性水平。

　　进一步基于资产组合层面检验员工变化对股票收益的影响，每年6月根据上一年的员工变化将股票五等分，形成的组合持续一年。借鉴三因子和五因子资产定价模型对员工变化的投资组合进行检验（见表6.10），发现组合收益差不显著，说明员工变化是影响股票收益的风险因子，但是不具有定价的功能。

表6.10　　人力资本数量变化分组三因子回归结果

	1	2	3	4	5	1-5
截距项	0.008***	0.003**	0.004**	0.005***	0.005**	0.003
	(12.71)	(2.42)	(2.73)	(4.24)	(2.44)	(1.55)
市场因子	1.014***	1.017***	0.978***	0.942***	0.956***	0.058*
	(53.64)	(51.07)	(44.32)	(32.66)	(-23.5)	(1.91)
规模因子	0.783***	0.763***	0.721***	0.615***	0.577***	0.205***
	(14.26)	(22.21)	(18.47)	(16.89)	(-11.38)	(3.89)
账市比因子	-0.221***	-0.063	-0.049	-0.152	-0.241	0.021
	(-5.14)	(-1.28)	(-0.46)	(-1.04)	(-1.43)	(0.12)

注：括号内为 T 统计量，*** 表示1%的显著性水平，** 表示5%的显著性水平，* 表示10%的显著性水平。

6.3.3　风险传播

1. 人力资本成本占比与企业风险

表6.11报告了人力资本成本占比与企业风险的回归结果，人力资本成本占比与度量企业风险的三种替代性指标 Beta 的回归系数都正显著，说明人力资本成本占比高的公司面临的风险较大。人力资本成本占比高的公司，当收入下降时，劳动成本在短期内下降的幅度小于收入降低的幅度，这种成本和产出的非对称状态给股东带来的风险和损失更大，更容易将宏观经济风险反映到企业经营发展中，扩大企业面临的经营风险。

表 6.11　　　　　　　　　　人力资本成本占比与企业风险

变量	等权权重得到的 Beta	流通市值权重得到的 Beta	总市值权重得到的 Beta
人力资本成本占比	0.004 ** (2.88)	0.005 ** (2.76)	0.004 ** (2.31)
流通市值	-0.023 *** (-6.61)	0.028 *** (7.12)	0.043 *** (11.10)
资产负债率	-0.0002 (-0.64)	-0.001 (-1.58)	-0.001 * (-1.70)
账市比	-0.018 *** (-7.92)	-0.025 *** (-9.90)	-0.016 *** (-6.45)
总资产	-0.043 *** (-14.11)	-0.034 *** (-9.82)	-0.040 *** (-11.55)
劳动密集程度	0.698 ** (2.44)	1.039 *** (3.23)	1.154 *** (3.56)
控制时间	Y	Y	Y
控制公司	Y	Y	Y
调整 R^2	0.135	0.159	0.153

注：括号内为 T 统计量，*** 表示1%的显著性水平，** 表示5%的显著性水平，* 表示10%的显著性水平。

进一步基于资产组合层面检验人力资本成本占比与企业风险的关系，每年6月根据上一年的人力资本成本占比将股票五等分，形成的组合持续一年。借鉴三因子和五因子资产定价模型对人力资本成本占比的投资组合进行检验，发现人力资本成本占比高的组合整体具有较高的风险，表现为人力资本成本占比高的组合其各项风险因子的回归系数整体较高，说明人力资本成本占比高的组合对整体风险更敏感，具体结果见表6.12。

表6.12　　　　　　　　分组检验——因子模型中风险因子的变化

分组	五因子						三因子		
	市场风险溢价因子	规模因子	账市比因子	盈利因子	投资因子	市场风险溢价因子	规模因子	账市比因子
1	0.954***(20.95)	0.420**(2.79)	-0.033(-0.40)	-0.132(-1.65)	-0.025(-0.16)	0.951***(36.19)	0.465***(7.02)	-0.168*(-1.98)
2	0.982***(46.07)	0.622***(5.48)	-0.058(-0.95)	0.003(0.003)	0.026(0.22)	0.938***(39.71)	0.560***(6.34)	-0.164(-1.16)
3	0.983***(12.34)	0.689***(7.53)	-0.132(-1.54)	-0.190(-1.64)	-0.078(-0.60)	0.960***(35.68)	0.629***(7.40)	-0.186(-1.40)
4	1.024***(74.26)	0.719***(12.27)	-0.011(-0.14)	-0.309***(-3.50)	-0.039(-0.60)	0.990***(46.67)	0.718***(9.71)	-0.093(-0.68)
5	0.985***(16.74)	0.505***(3.82)	-0.148(-1.43)	-0.370***(-3.03)	0.229**(2.51)	1.063***(36.62)	0.771***(13.97)	-0.337***(-3.54)

注：括号内为T统计量，***表示1%的显著性水平，**表示5%的显著性水平，*表示10%的显著性水平。

为进一步了解人力资本成本占比高的公司的特征，我们还检验了按照人力资本成本占比分组后组合期内公司的基本特征。同样每年6月根据前一年的人力资本成本占比将样本公司五等分，组合持续到下一年6月，每年调整一次分组。表6.13报告了根据人力资本成本占比形成组合后组合期内相关变量的均值，组间均值的变化进一步说明人力资本成本占比高的公司通常是小公司、劳动密集型公司，生产力和盈利能力相对较弱，这类企业自身风险相对较大，因此持有这些公司的股票面临的风险相对较大，所以相应的回报率也较高。而人力资本成本占比低的公司呈现出盈利能力

强、规模大、技术密集型的特点，这类公司自身风险相对较小，因此持有
这些公司的股票面临的风险较小，相应的股票收益率也较低。

表 6.13　　　　　　　　　　组合期内公司基本特征

劳动收入份额分组	资产负债率	流通市值	净资产收益率	总资产	劳动密集度	PPE 占总资产比例
1	0.686	14.639	0.112	21.846	0.0002	0.059
2	0.452	14.441	0.088	21.608	0.0002	0.065
3	0.449	14.335	0.074	21.488	0.0001	0.062
4	0.501	14.249	0.033	21.414	0.0007	0.059
5	0.651	14.108	−0.099	21.155	0.0008	0.048

注：括号内为 T 统计量，*** 表示 1% 的显著性水平，** 表示 5% 的显著性水平，* 表示 10% 的显著性水平。

2. 人力资本成本股票收益预测能力

（1）回归分析。表 6.14 第（1）列报告了模型（6.4）的回归结果，人力资本成本占比的回归系数在 1% 的水平上显著为正，说明人力资本成本占比正影响股票收益。鉴于中国国有企业与非国有企业并存，需要分析人力资本成本占比对股票收益的影响是否受企业产权性质影响。表 6.14 第（2）列和第（3）列表明，不论是国有企业还是非国有企业，人力资本成本占比都与股票收益正相关，所不同的是非国有企业中股票收益受人力资本成本占比的影响程度较大，一方面可能与《劳动合同法》实施后，非国有企业受劳动成本黏性影响较大有关（刘媛媛和刘斌，2014），另一方面非国有企业更多的是自负盈亏，企业的经营决策对劳动成本的变化更敏感，人力资本成本占比更容易发挥扩大企业经营风险的杠杆作用。鉴于已有研究（侯成琪等，2018）发现成本黏性因企业所处行业不同而存在差异，因此按照证券交易所的分类标准将样本分为制造业和非制造业组，表 6.14 第（4）列和第（5）列表明制造业行业和非制造业行业中人力资本成本占比对股票收益的回归系数都在 1% 的水平上显著为正，不同的是制造业行业中人力资本成本占比对股票收益的影响程度更大，这与制造业行业劳动成本黏性较高具有一定关系。根据理论分析可知，人力资本成本占比之所以能够发挥扩大经营风险的杠杆作用，与劳动成本黏性有很大关

系，鉴于已有研究发现劳动保护的差异影响劳动成本黏性（Banker et al.，2013；刘媛媛和刘斌，2014），借鉴前人研究，以实施《劳动合同法》的2008 年为界限，替代变量，2008 年之前劳动成本黏性取值为 0，2008 年及以后劳动成本黏性取值为 1。表 6.14 第（6）列表明随着劳动成本黏性的提高，人力资本成本占比对股票收益的影响更显著。至此，基于回归方法从不同角度证明人力资本成本占比与股票收益正相关，接下来进一步从投资组合的角度分析人力资本成本占比对股票收益的影响。

表 6.14　　　　　　　　　人力资本成本占比对股票收益的回归结果

变量	（1） 全样本	（2） 国有企业	（3）非国 有企业	（4） 制造业	（5） 非制造业	（6）劳动 成本黏性
人力资本成本占比	0.453 *** （7.12）	0.289 *** （3.62）	0.598 *** （5.33）	0.7573 *** （8.18）	0.284 *** （3.21）	0.186 ** （2.06）
流通市值	0.462 *** （52.70）	0.469 *** （38.37）	0.489 *** （31.73）	0.4874 *** （41.00）	0.451 *** （33.69）	0.460 *** （52.56）
资产负债率	-0.004 （-1.09）	0.343 *** （10.25）	-0.008 ** （-2.12）	0.021 ** （2.48）	-0.009 ** （-2.11）	-0.004 （-0.99）
账市比	0.049 *** （8.34）	0.062 *** （8.66）	0.043 *** （3.59）	0.054 *** （6.20）	0.058 *** （6.81）	0.049 *** （8.24）
总资产	-0.249 *** （-29.53）	-0.269 *** （-23.11）	-0.245 *** （-17.24）	-0.293 *** （-23.60）	-0.227 *** （-19.32）	-0.246 *** （-28.98）
劳动密集程度	1.094 （0.56）	6.842 （1.62）	-0.248 （-0.11）	-4.815 （-1.20）	3.013 （1.33）	1.299 （0.66）
劳动收入份额 × 成本黏性的度量指标						0.396 *** （4.18）
成本黏性的度量指标						-1.325 *** （-35.09）
Firm - fe	Y	Y	Y	Y	Y	Y
Time - fe	Y	Y	Y	Y	Y	Y
调整 R^2	0.598	0.657	0.572	0.599	0.603	0.598

注：括号内为 *T* 统计量，*** 表示 1% 的显著性水平，** 表示 5% 的显著性水平，* 表示 10% 的显著性水平。

（2）投资组合分析。每年 6 月根据上一年末人力资本成本占比将所有股票五等分或十等分，形成的组合持续一年，下一年 6 月重新调整组合，计算出从 2000 年 7 月到 2017 年 6 月组合的月时间序列均值，检验人力资本成本占比最高组与最低组之间的收益差是否显著。表 6.15 报告了人力资本成本占比十分组和五分组的等权权重和流通市值权重的月均值收益，发现不论是等权分组还是流通市值分组的五分组或十分组的高减低组合收益差显著。例如，市值分组中，五分组高减低组合收益差为 0.0054，十分组的最高组和最低组的组合收益差为 0.0067，都在 5% 显著性水平上显著。分组的结果说明人力资本成本占比与股票收益之间正相关，即通过做多人力资本成本占比高的股票组合，做空人力资本成本占比低的股票组合，形成的套利组合理论上能够赚取超额收益。

表 6.15　　　　　　　　人力资本成本占比组合的预期收益分组检验

流通市值加权分组				等权加权分组			
1	0.0109	1	0.0106	1	0.0155	1	0.0147
2	0.0116			2	0.0147		
3	0.0117	2	0.0114	3	0.0179	2	0.0170
4	0.0123			4	0.0162		
5	0.0129	3	0.0127	5	0.0177	3	0.0177
6	0.0130			6	0.0185		
7	0.0128	4	0.0129	7	0.0167	4	0.0189
8	0.0131			8	0.0204		
9	0.0147	5	0.0159	9	0.0209	5	0.0214
10	0.0176			10	0.0223		
10 – 1	0.0067 ** (2.62)	5 – 1	0.0054 ** (3.06)	10 – 1	0.0068 * (1.89)	5 – 1	0.0068 ** (2.20)

注：括号内为 T 统计量，*** 表示 1% 的显著性水平，** 表示 5% 的显著性水平，* 表示 10% 的显著性水平。

3. 人力资本成本作为风险因子

由于人力资本成本占比有正的风险溢价，接下来参照法玛和弗兰奇（Fama and French，1993）的方法买多人力资本成本占比高的组合，同时卖空人力资本成本占比低的组合，以买多—卖空获得的套利定义人力资本成本占比风险因子（*LSR*），表示对人力资本成本占比的风险补偿。出于稳健性的考虑，以三种方式构建人力资本成本占比风险因子：（1）将股票分为30%人力资本成本占比较低的股票、40%人力资本成本占比居中的股票和30%人力资本成本占比较高的股票，买多30%人力资本成本占比较高的股票组合同时卖空30%人力资本成本占比较低的股票组合（*LSR*$_{30-30}$）；（2）将股票分为人力资本成本占比较高的40%股票、人力资本成本占比居中的20%股票和人力资本成本占比较低的40%股票，买多40%人力资本成本占比较高的股票组合同时卖空40%人力资本成本占比较低的股票组合（*LSR*$_{40-40}$）；（3）将股票分为人力资本成本占比较高的50%股票和人力资本成本占比较低的50%股票，买多50%人力资本成本占比较高的股票组合同时卖空50%人力资本成本占比较低的股票组合（*LSR*$_{50-50}$）。

参照法马和麦克贝思（Fama and MacBeth，1973）的方法分两步检验人力资本成本占比能否作为影响股票收益的风险因子。首先，将人力资本成本占比五等分或十等分，将人力资本成本占比组合间月平均收益差（*return*$_{高-低}$）对 *RmRf*、*SMB*、*HML* 回归［即式（6.5）］，主要关注回归的截距项是否显著。其次，将 *return*$_{高-低}$ 对 *RmRf*、*SMB*、*HML* 和 *LSR* 回归［即式（6.6）］，检验人力资本成本占比风险因子系数是否显著，如果显著，则认为人力资本成本占比是影响股票收益率的风险因子。表6.16报告了按人力资本成本占比从高到低十分组和五分组的最高组和最低组月收益均值差的三因子检验结果，不论是十分组还是五分组的第一步截距项系数显著为正意味着截距项中存在三因子无法解释的内容，第二步发现人力资本成本占比风险因子回归系数都显著为正，说明人力资本成本占比越高，股票超额收益率越高。同理，将人力资本成本占比最高组与最低组的月平均收益差（*return*$_{高-低}$）对 *RmRf*、*SMB*、*HML*、*RMW*、*CMA* 回归［即式（6.7）］，然后将（*return*$_{高-低}$）对 *RmRf*、*SMB*、*HML*、*RMW*、*CMA* 和 *LSR* 回归［即式（6.8）］。表6.17中人力资本成本占比风险因子的系数都在10%的显著性水平上显著为正。综合说明存在人力资本成本占比风险溢价，即人力资本成本占比是风险因子。

$$return_{高-低} = \alpha_0 + \alpha_1 RmRf_t + \alpha_2 SMB_t + \alpha_3 HML_t + \varepsilon_t \quad (6.5)$$

$$return_{高-低} = \alpha_0 + \alpha_1 RmRf_t + \alpha_2 SMB_t + \alpha_3 HML_t + \alpha_4 LSR_t + \varepsilon_t \quad (6.6)$$

$$return_{高-低} = \alpha_0 + \alpha_1 RmRf_t + \alpha_2 SMB_t + \alpha_3 HML_t + \alpha_4 RMW_t + \alpha_5 CMA_t + \varepsilon_t$$

$$(6.7)$$

$$return_{高-低} = \alpha_0 + \alpha_1 RmRf_t + \alpha_2 SMB_t + \alpha_3 HML_t + \alpha_4 RMW_t + \alpha_5 CMA_t + \alpha_6 LSR_t + \varepsilon_t$$

$$(6.8)$$

表 6.16　　　　股票平均收益率对风险因子的回归（三因子 +
人力资本成本占比风险因子）

Panel A：$return_{10-1}$

变量	第一步回归	第二步回归		
		LSR_{30-30}	LSR_{40-40}	LSR_{50-50}
截距项	0.006 ** (2.42)	0.003 * (1.75)	0.004 * (1.92)	0.005 ** (2.22)
市场风险溢价因子	0.115 *** (3.46)	−0.026 (−1.11)	−0.041 (−1.30)	−0.031 (−0.91)
规模因子	0.423 *** (4.56)	−0.015 (−0.37)	−0.039 (−0.65)	−0.049 (−0.61)
账市比因子	−0.209 (−1.73)	−0.133 (−1.71)	−0.171 ** (−2.24)	−0.196 ** (−2.55)
人力资本成本占比风险因子		1.450 *** (11.71)	1.727 *** (9.14)	2.032 *** (7.89)

Panel B：$return_{5-1}$

变量	第一步回归	第二步回归		
		LSR_{30-30}	LSR_{40-40}	LSR_{50-50}
截距项	0.004 ** (2.12)	0.002 (1.64)	0.003 * (1.79)	0.004 * (1.81)
市场风险溢价因子	0.112 *** (3.03)	0.022 * (1.86)	0.013 (0.73)	0.025 (1.01)
规模因子	0.306 *** (4.38)	−0.041 (−0.78)	−0.058 (−0.78)	−0.090 (−0.73)
账市比因子	−0.169 (−1.54)	−0.092 ** (−2.20)	−0.118 ** (−2.61)	−0.149 ** (−2.55)
人力资本成本占比风险因子		0.971 *** (11.26)	1.163 *** (8.36)	1.364 *** (6.17)

注：括号内为 T 统计量，*** 表示 1% 的显著性水平，** 表示 5% 的显著性水平，* 表示 10% 的显著性水平。

表 6.17　　　　　　股票平均收益对风险因子的回归（五因子 +
人力资本成本占比风险因子）

Panel A：$return_{10-1}$

变量	第一步回归	第二步回归		
		LSR_{30-30}	LSR_{40-40}	LSR_{50-50}
截距项	0.005 * (1.90)	0.006 ** (2.64)	0.006 ** (2.89)	0.001 (0.14)
市场风险溢价因子	-0.030 (-0.70)	0.017 (0.34)	0.018 (0.29)	-0.089 (-1.45)
规模因子	0.246 ** (2.30)	-0.279 (-1.09)	-0.300 (-0.99)	-0.295 ** (-2.52)
账市比因子	-0.257 * (-2.74)	-0.242 ** (-2.12)	-0.339 *** (-3.56)	0.321 (1.04)
盈利因子	-0.245 (-0.75)	0.411 * (1.72)	0.487 * (1.81)	0.199 (0.71)
投资因子	0.845 *** (4.67)	0.064 (0.17)	0.299 (0.95)	0.931 *** (3.16)
人力资本成本占比风险因子		1.706 *** (4.24)	1.998 *** (3.42)	0.978 * (1.64)

Panel B：$return_{5-1}$

变量	第一步回归	第二步回归		
		LSR_{30-30}	LSR_{40-40}	LSR_{50-50}
截距项	0.004 ** (2.37)	0.002 * (1.78)	0.003 * (1.97)	0.002 * (1.88)
市场风险溢价因子	0.031 (0.69)	-0.009 (-0.49)	-0.023 (-1.32)	-0.028 (-1.48)
规模因子	0.085 (1.21)	0.017 (0.37)	0.036 (0.72)	0.064 (1.23)
账市比因子	-0.115 (-1.50)	-0.198 *** (-3.47)	-0.232 *** (-4.69)	-0.219 *** (-3.79)
盈利因子	-0.238 (-1.48)	0.066 (0.60)	0.129 (0.99)	0.047 (0.32)

Panel B：$return_{5-1}$

变量	第一步回归	第二步回归		
		LSR_{30-30}	LSR_{40-40}	LSR_{50-50}
投资因子	0.254 ** (2.21)	0.181 (1.44)	0.317 ** (2.55)	0.324 ** (2.57)
人力资本成本占比风险因子		0.833 *** (8.88)	0.921 *** (7.12)	0.953 *** (6.66)

注：括号内为 T 统计量，*** 表示1%的显著性水平，** 表示5%的显著性水平，* 表示10%的显著性水平。

进一步，检验人力资本成本占比风险因子是否是冗余因子。首先分析人力资本成本占比风险因子与五因子之间的相关性，通过表6.18发现与人力资本成本占比风险因子相关性较高的为规模因子和盈利因子，同时盈利因子与规模因子、投资因子也具有较高的相关性。因此进一步借助三因子和五因子检验人力资本成本占比风险因子，表6.19报告了回归结果，发现回归的截距项都正显著，意味着三因子或五因子不能稀释人力资本成本占比风险因子。表6.19中不论三因子回归还是五因子回归都显示账市比因子的回归系数不显著，说明人力资本成本占比风险因子能够捕获市场因子、规模因子、盈利因子和投资因子以外部分无法解释的风险溢价，即人力资本成本占比风险因子不是冗余因子。

表6.18　　　　　人力资本成本占比风险因子与五因子的相关性

	LSR_{30-30}	LSR_{40-40}	LSR_{50-50}	市场因子	规模因子	账市比因子	盈利因子	投资因子
LSR_{30-30}	1.000							
LSR_{40-40}	0.9528	1.000						
LSR_{50-50}	0.9658	0.9858	1.000					
市场因子	-0.2654	-0.2903	-0.3005	1.000				
规模因子	-0.6818	-0.6606	-0.6597	0.1041	1.000			
账市比因子	0.2457	0.2182	0.2358	-0.0392	-0.5341	1.000		
盈利因子	0.7967	0.7951	0.7790	-0.3078	-0.7608	0.3089	1.000	
投资因子	-0.5079	-0.4917	-0.1692	0.1407	0.4242	0.0445	-0.6171	1.000

表 6.19　　　人力资本成本占比风险因子被其他因子解释的情况

Panel A：劳动收入份额风险因子被三因子解释

LSR_{30-30} 作为被解释变量		LSR_{40-40} 作为被解释变量		LSR_{50-50} 作为被解释变量	
截距项	0.003 ** (3.33)	截距项	0.002 ** (2.14)	截距项	0.002 ** (2.20)
市场风险溢价因子	0.091 *** (4.10)	市场风险溢价因子	0.083 *** (6.59)	市场风险溢价因子	0.071 *** (7.24)
规模因子	0.274 *** (6.04)	规模因子	0.230 *** (5.95)	规模因子	0.190 *** (7.24)
账市比因子	-0.084 (-0.78)	账市比因子	-0.048 (-0.51)	账市比因子	-0.029 (-0.38)

Panel B：人力资本成本占比风险因子被五因子解释

LSR_{30-30} 作被解释变量		LSR_{40-40} 作被解释变量		LSR_{50-50} 作被解释变量	
截距项	0.002 ** (2.18)	截距项	0.002 ** (2.44)	截距项	0.001 ** (2.25)
市场风险溢价因子	-0.003 (-0.19)	市场风险溢价因子	0.009 (0.88)	市场风险溢价因子	0.015 * (1.85)
规模因子	0.135 ** (2.46)	规模因子	0.086 * (1.99)	规模因子	0.064 * (2.01)
账市比因子	-0.023 (-0.40)	账市比因子	0.001 (0.02)	账市比因子	0.016 (0.30)
盈利因子	-0.435 *** (-5.79)	盈利因子	-0.467 *** (-9.55)	盈利因子	-0.374 *** (-9.77)
投资因子	0.377 *** (3.62)	投资因子	0.197 ** (2.65)	投资因子	0.159 ** (2.30)

注：括号内为 T 统计量，*** 表示 1% 的显著性水平，** 表示 5% 的显著性水平，* 表示 10% 的显著性水平。

4. 人力资本成本风险因子定价效率

鉴于人力资本成本占比是影响股票收益的风险因子，进一步比较分析三因子模型、三因子和人力资本成本占比风险因子模型、五因子模型、五

因子和人力资本成本占比风险因子模型解释股票的能力。从统计特征发现，上述三种方法构建的人力资本成本占比风险因子比较类似，在此仅分析 LSR_{30-30} 构建的人力资本成本占比风险因子。为了考察模型的定价效率，在每个月将所有股票分别按照规模和投资、规模和账市比、规模和盈利独立地分成 5×5 的组合，在此基础上，分别将不同模型对组合的等权加权收益进行时间序列回归。依据吉本斯等（Gibbons et al.，1989）的联合检验方法分析 5×5 组合的截距项是否不为 0 且显著，并且分析组合截距项的绝对值的平均值 $|a_g|$、$|a_g|$ 与组合收益偏离平均收益的偏差 $|\tau_g|$ 之比、均方误差（MSE）和调整 R^2，检验结果见表 6.20。

表 6.20　　　　　　　　　　模型定价效率分析结果

	GRS	$|a_g|$	$\dfrac{|\alpha_g|}{|\tau_g|}$	MSE	调整 R^2
Panel A：规模—投资 5×5 组合					
三因子	2.0635	0.0032	0.8619	0.0019	0.9364
三因子 + 人力资本成本占比风险因子	2.0448	0.0031	0.8616	0.0019	0.9374
五因子	1.9133	0.0029	0.7887	0.0019	0.9372
五因子 + 人力资本成本占比风险因子	1.8716	0.0030	0.8158	0.0019	0.9382
Panel B：规模—账市比 5×5 组合					
三因子	1.9243	0.0028	0.7404	0.0019	0.9318
三因子 + 人力资本成本占比风险因子	1.8907	0.0028	0.7404	0.0018	0.9333
五因子	1.9841	0.0024	0.6415	0.0020	0.9323
五因子 + 人力资本成本占比风险因子	1.9748	0.0030	0.7950	0.0020	0.9345
Panel C：规模—盈利 5×5 组合					
三因子	2.8607	0.0036	0.9697	0.0019	0.9293
三因子 + 人力资本成本占比风险因子	3.1054	0.0037	1.0055	0.0019	0.9325
五因子	1.9063	0.0022	0.6068	0.0019	0.9326
五因子 + 人力资本成本占比风险因子	1.8960	0.0029	0.7728	0.0019	0.9350

在表 6.20 Panel A 中，对于根据规模和投资形成的 5×5 组合中，在三因子基础上包含人力资本成本占比风险因子的 4 因子模型的 GRS 统计

量为 2.0448，$|a_g|$ 为 0.0031，调整 R^2 为 0.9374。同理与五因子模型相比，包含人力资本成本占比风险因子的 6 因子模型的 GRS 统计量更小、调整 R^2 更高，说明包含人力资本成本占比风险因子的 4 因子模型或 6 因子模型具有更小的定价误差和更好的拟合度，表明人力资本成本占比风险因子能够捕捉部分三因子或五因子无法解释的风险溢价。在 Panel B 中，在按规模和账市比形成的 5×5 组合中，同样发现在三因子或五因子基础上包含人力资本成本占比风险因子后，相应的 GRS 统计量更小、调整 R^2 更高，即加入人力资本成本占比风险因子的模型对股票收益解释力更强。在 Panel C 中，与三因子模型相比，包含人力资本成本占比风险因子的模型其 GRS 统计量、$|a_g|$、$|a_g|/|\tau_g|$ 都相对较大，说明包含人力资本成本占比风险因子的定价模型对按照规模和盈利形成的组合预期收益没有较好地解释力。整体上，人力资本成本占比风险因子具有定价能力，其调整的定价模型能够较好地解释股票横截面收益。

6.4　本章小结

　　本章从不同视角探索了人力资本对股票收益的影响。一方面，人力资本是企业最主要的竞争要素之一，其影响企业业绩和发展，股票收益是企业业绩在资本市场的表现，由于人力资本影响股票收益的基本面价值，因此人力资本也会影响股票收益；另一方面，企业不同的人力资本水平能够传递不同信息给市场投资者，人们普遍会将人力资本结构水平高的企业归为高、精行业，或是发展潜力比较大的企业，持有该类企业的股票会更有信心。此外企业为维持或吸引人力资本需要付出成本，即企业对人力资本的投资，一方面，这种投资能够激励人力资本发挥创造价值的积极作用（激励效应），另一方面，这种投资作为一种成本对企业而言是一种经济负担（成本效应），在激励效应和成本效应的综合作用下使人力资本对企业价值的影响更复杂，特别是成本效应会放大企业面临的经营风险，这一特性会表现在股票市场上。

　　因此本章从不同视角分析了人力资本对股票收益的影响，发现：人力资本的攀比心理会反映到股票市场，但是这种影响非常有限。因为攀比心理影响企业绩效的主要途径是员工变化，且由于人力资本调整成本的存在，因此探索了人力资本数量变化（员工变化）对股票收益的影响，员工变化与股票收益负相关，这种关系受企业产权性质的影响，民营企业和劳动密集型企业中员工变化对股票收益的影响更显著。一方面，人力资本调整成本的存在使企业在调整员工变化方面能够反映企业内在价值信息，并且通过增加企业成本从而降低企业利润最终影响股票收益，即人力资本调整成本对两者的关系发挥正向调节作用，在法律执行效率高的区域、民企、劳动密集样本中人力资本调整成本的调节作用更显著；另一方面，员工变化具有反映企业风险状况的特征使员工变化能够负向预测股票收益。人力资本结构与股票收益正相关，人力资本结构是影响股票收益的风险因子，但不是定价因子；人力资本成本占比是影响股票收益的定价因子，加入人力资本成本占比风险因子的定价模型比三因子和五因子的定价效率更高，具体而言，通过回归分析和投资组合分析相结合的方法证明人力资本成本占比具有正的股票收益预测能力；借助三因子和五因子通过 Fama – MacBeth 回归证明人力资本成本占比是影响股票收益的风险因子，且人力资本成本占比风险因子相对 Fama – French 的五因子不是冗余因子；最后通过 GRS 检验发现包含人力资本成本占比风险因子的定价模型能够更有力地解释股票横截面收益。

第 7 章

结论与建议

本书紧紧围绕"人力资本对企业价值的影响"这一问题，基于"企业对人力资本的投资—人力资本心理特征—人力资本结构"三个视角，通过理论和实证相结合的方法剖析了人力资本对企业账面价值（绩效）和市场价值（股票收益）的影响及机理。本章首先归纳主要结论，然后在此基础上针对不同主体提出相应的对策建议，最后通过分析研究的不足展望未来。

7.1 研究结论

以人力资本为研究对象，遵循"外部因素—内在因素—表现形式"的思路，系统地研究了人力资本创造价值的能力。理论分析部分分别从人力资本成本、人力资本心理特征、人力资本结构、人力资本调整成本以及人力资本成本黏性视角探索人力资本对企业价值的影响，并详述人力资本如何通过创新、员工变化和生产率途径影响企业价值。实证部分以 1999～2019 年沪深两市 A 股上市公司为样本，基于成本构建度量人力资本成本的指标、基于薪酬差构建度量人力资本攀比心理的指标、基于教育背景构建度量人力资本结构的指标，通过面板回归、门槛回归、DID 方法、投资组合等多种方法分析人力资本对企业绩效及股票收益的影响及机理，主要结论如下：

（1）基于企业对人力资本投资的视角，将企业对人力资本的投资引入生产函数中，发现企业对人力资本的投资影响企业产出。当前企业对人力资本的投资呈上升的趋势，人力资本创造价值受成本机制和激励机制共同影响，当前主要是成本机制占据主导地位，随着人力资本占比的进一步上升，激励机制将会占据主导地位，即人力资本成本占比与企业绩效之间呈非线性关系，但目前主要表现为负相关关系。将企业根据产权性质分为国有企业和非国有企业，根据企业办公所在地理位置划分为一线、新一线和二线城市的企业，发现人力资本成本占比与企业绩效之间保持稳定的负相关关系。进一步根据行业性质，发现人力资本成本占比与企业绩效之间的负相关关系在制造业和劳动密集型企业中更显著。

经济政策不确定性使人力资本成本占比对企业绩效的负面影响更显著，劳动保护在人力资本成本占比与企业绩效之间发挥负调节作用，高管过度自信在人力资本成本占比与企业绩效的关系中发挥正调节作用。人力资本成本占比的上升会造成全要素生产率的下降而使人力资本成本占比在企业绩效中发挥负面影响。

（2）从攀比心理出发，将人力资本努力程度引入生产函数中，发现人力资本努力程度受同行业企业平均薪酬的影响，攀比心理作用下人力资本对企业产出的影响呈非线性。对企业所有员工而言，攀比心理越弱越有利于人力资本发挥积极的价值创造功能，攀比心理在影响人力资本创造价值方面具有门槛效应；基于区域的分析发现，一线城市中普通员工的攀比心理不影响人力资本创造价值的能力，这与一线城市有充裕劳动力供给和普通员工的替代性有关；相比于管理层，普通员工攀比心理对人力资本创造价值的影响在非国有企业中更显著；普通员工和管理层攀比心理的差异性也会影响人力资本价值创造能力的发挥。

经济政策不确定性在人力资本攀比心理与企业绩效之间发挥负调节作用，内部薪酬差在普通员工外部薪酬攀比影响企业绩效中发挥正调节作用，高管过度自信在普通员工外部薪酬攀比影响人力资本创造价值中发挥正调节作用，在管理层外部薪酬攀比影响人力资本创造价值中发挥负调节作用。攀比心理视角下人力资本影响企业绩效的主要途径是员工变化，对普通员工而言离职是其人力资本影响企业绩效的主要途径之一，对管理层而言其可以通过影响劳动生产率和全要素生产率影响企业绩效。

（3）基于人力资本结构视角发现人力资本结构提高有助于提升企业绩效。通过构建人力资本结构高级化指数和相对同行业人力资本结构指数，证明人力资本结构高级化过程有助于提升企业绩效，且这种关系与企业性质无关，相对于同行业企业，人力资本结构水平越高，人力资本越能够发挥积极的价值创造能力。经济政策不确定性在人力资本结构演化与企业绩效之间发挥负调节作用，内部薪酬差在人力资本结构高级化与企业绩效之间发挥负调节作用。人力资本结构高级化有助于全要素生产率的提升，从而使人力资本结构高级化发挥积极的创造价值的功能。人力资本对创新影响的二元性使创新一方面发挥中介作用，一方面与人力资本存在交互影响。

（4）攀比心理视角下人力资本对股票收益的影响非常有限；人力资本调整成本的存在使人力资本数量变化与股票收益负相关；人力资本结构是影响股票收益的风险因子，但不是定价因子；人力资本成本占比是影响股票收益的定价因子，加入人力资本成本占比风险因子的定价模型比三因子和五因子的定价效率更高，具体而言，通过回归分析和投资组合分析相结合的方法证明人力资本成本占比具有正的股票收益预测能力；借助三因子和五因子通过 Fama - MacBeth 回归证明人力资本成本占比是影响股票收益的风险因子，且人力资本成本占比风险因子相对 Fama - French 的五因子不是冗余因子。最后，通过 GRS 检验发现，包含人力资本成本占比风险因子的定价模型能够更好地解释股票收益。

7.2　政策建议与管理启示

7.2.1　政府颁布政策方面的建议

（1）颁布政策需兼顾各方利益。首先，要关注不同群体中劳动成本占比变化趋势的差异性，切忌单纯根据劳动成本占比整体趋势的特点颁布相应的政策；其次，鉴于劳动成本"黏性"是人力资本成本占比能够发挥杠杆作用的主要原因，因此建议在颁布劳动保障相关政策时需考虑政策可能对资本市场产生的影响，争取在维护劳动者权益和促进企业发展中寻求相对平衡。

（2）在加大教育投资方面既要注重对常规教育方面的投入或改革，也要强化对职业教育的投入，例如在高校学科设置方面、职业教育人才培养方面要与经济转型发展密切结合，特别是与当地经济发展水平、产业发展等相结合，培育真正适应社会需求的人才，避免人才"过剩"。

（3）地方政府"抢人"方面。引进或维持人力资本需要支付成本，因此人力资本与产出或经济增长之间不是单纯的线性关系。当前地方政府出台的吸引人才的政策中在工资、安家补助、科研补助等方面力度非常大,以如此高的成本支出引进来的人才能否在短期内创造更高的社会价值是很难确定的,很可能短期内成本效应占据主导地位,再加上软环境等方面的不足,很可能短期内引进的人力资本并不能够发挥促进经济增长的作用,反而是给地方政府造成财政压力。另外,地方政府靠优厚的待遇吸引的人力资本是否与当地经济结构、发展水平等相适应,即是否会产生人才错配现象,而人才错配不利于经济增长。两者综合作用下,一味"抢人"也许并不能发挥人力资本的积极作用。因此各地不能盲目地加入"抢人"大战中,要综合考虑地方财政实力、产业发展水平、经济结构以及转型需求等多方面现实条件,有针对性地制定人才引进政策。

7.2.2　公司治理方面的建议

(1) 薪酬制定方面。由于参照对象的不同会影响薪酬公平感,因此建议企业及时公布薪酬制定的依据或选择参照对象的理由,避免员工盲目攀比;要因地制宜、因人制宜、因值制宜,科学化实施差异薪酬策略,且要预防"居安不思危"现象的产生,在动态关注外部薪酬水平时合理控制企业内部薪酬差,过小的企业内部薪酬差并不能激励管理层和普通员工;在提高对人力资本投资的同时要平衡人力资本成本与企业产出之间的关系,提高管理人员科学研判的能力和应对风险的能力;此外还要在提升人力资本水平的同时注重薪酬差距的影响。

(2) 人力资本管理方面。员工离职是普通员工外部薪酬攀比影响企业绩效的途径之一,因此企业在员工培训中要注重增进员工对企业的感情、提高员工对企业的忠诚度,此外对于国有企业,还需要提高普通员工对外部薪酬环境的敏感性;在高管选择方面要注重其心理因素方面的考核,特别是自信方面的衡量,自信不足不利于高管发挥带动企业的作用,过度自信会使高管高估对企业的判断,也不利于企业发展。因此建议在企业中开展相应的心理咨询或是心理培训,并构建相应的高管自信控制指标、攀比心理指标,设置高管自信理性区间和攀比心理控制阈值,使高管和普通员工对自我有更清晰、更理性的认知。

(3) 构建创新与人才良性协同关系。基于人力资本结构发现,人力资本与创新之间没有形成相互促进的良性机制,基于人力资本成本占比发现,由于对人力资本投入增加的压力,企业存在降低创新投入的现象,这两者说明企业需要平衡创新投入和人才投入。因此建议企业在制定创新政策时，需要考虑现有人才是否满足创新需求、引进人才是否会制约创新投入、组建的人才团队能否发挥"1+1>2"的合力作用等因素，企业要构建创新与人才相互促进、相互依赖的良性协同机制，方能使人力资本更好地助力企业发展。

7.2.3 投资者投资方面的建议

（1）员工变化能够反映企业发展变化的有价信息，整体上员工变化率高的企业面临的风险较低，稳健型投资者在投资中可关注这类企业。此外，当前中国面临产业转型升级、人口红利消退，企业雇员数量的减少可能与产业转型升级有关，因此这类企业未来的价值可能会更高，所以员工变化不仅隐含有价财务信息，且能够反映企业发展战略的转变。建议投资者短期在关注公司财务状况的同时进一步关注公司员工变化背后释放的有价信息。

（2）本科人口占比越高的企业其股票收益越高，因为一方面这些企业本身属于优质企业，另一方面是员工受教育水平越高其越重视投资理财，且会将自己对公司的了解传达给家人或朋友，而信息传递具有级数效应，在这两者作用下人力资本水平高的企业其股票收益相对较高，因此投资者在投资中可从这方面出发构建投资策略。

（3）人力资本成本占比与企业风险相关，在其他条件相同前提下，购买较高人力资本成本占比企业的股票，由于承担更多经营风险，因此平均来看可以获得相对较高的投资收益。总之，建议投资者像关注资本要素一样重视人力资本对企业股票收益的影响。

7.3 研究展望

（1）拓展研究样本。本书的研究样本为上市公司，这些企业实际上都是社会中比较成功的企业，其人力资本结构和存量相对较高，企业对人力资本投入相对较高，人力资本对外界敏感性相对较高，人力资本与企业绩效呈非线性关系。而实际上现实中很多企业并没有上市，这些企业中人力资本对企业绩效具有怎样的影响仍有待研究。

（2）补充研究数据。囿于企业报表中没有对不同类型员工的薪酬进行分类，因此本书没有进一步分类探索不同员工攀比行为的差异，未来可以通过调研获得一手数据对此进行探索分析；实践中个人获得信息存在差异，因此不同员工对外部薪酬的敏感性也存在差异，而怎样度量个人获得信息的差异性并将其与薪酬攀比行为结合起来也是未来可以进一步探索的课题。

（3）进一步探索人力资本对资本市场的影响。本书从人力资本攀比心理、数量变化、结构变化和成本角度剖析了人力资本对资本市场的影响，未来可以进一步探索不同视角下人力资本对资本市场的影响，如从行业层面探索人力资本流动性对资本市场的影响、从国家层面探索员工就业率或失业率对资本市场的影响等。

（4）进一步深化人力资本价值创造方面的研究。在本书中，人力资本影响企业绩效受外部政策环境、内部激励和高管自信三方面因素影响，人力资本通过创新、人才流动和生产率影响企业价值。人力资本对企业价值的影响过程是复杂的、多变的，未来可以进一步探析人力资本创造价值的"黑箱"，例如，未来可以进一步探索融资约束在其中发挥怎样的作用，面临融资约束的企业中不同度量方法下人力资本对企业绩效产生怎样的影响，以及企业文化、企业关联性等对人力资本创造价值的影响，值得我们进一步研究。

未来还可以引入企业发展阶段和所处区域经济发展水平情景方面的研究，例如企业在成长期、成熟期和衰退期人力资本对企业价值的影响是否存在差异，影响机理是否相同？企业所处区域经济发展水平是否影响人力资本创造价值的能力？这些都是未来可以进一步探索的课题。

参 考 文 献

［1］边雅静，沈利生．人力资本对我国东西部经济增长影响的实证分析［J］．数量经济技术经济研究，2004（12）：19 – 24.

［2］步丹璐，蔡春，叶建明．高管薪酬公平性问题研究——基于综合理论分析的量化方法思考［J］．会计研究，2010（5）：39 – 46.

［3］蔡昉，都阳．中国地区经济增长的趋同与差异——对西部开发战略的启示［J］．经济研究，2000（10）：30 – 37 + 80.

［4］曹裕，熊寿遥，胡韩莉．企业生命周期下智力资本与创新绩效关系研究［J］．科研管理，2016，37（10）：69 – 78.

［5］曾庆生，陈信元．国家控股、超额雇员与劳动力成本［J］．经济研究，2006（5）：4 – 86.

［6］常进雄，王丹枫．初次分配中的劳动份额：变化趋势与要素贡献［J］．统计研究，2011，28（5）：58 – 63.

［7］钞小静，沈坤荣．城乡收入差距、劳动力质量与中国经济增长［J］．经济研究，2014，49（6）：30 – 43.

［8］陈冬华，范从来，沈永建．高管与员工：激励有效性之比较与互动［J］．管理世界，2015（5）：160 – 171.

［9］陈刚．R&D 溢出、制度和生产率增长［J］．数量经济技术经济研究，2010（10）：64 – 77.

［10］陈浩．人力资本对经济增长影响的结构分析［J］．数量经济技术经济研究，2007（8）：59 – 68.

［11］陈浪南，屈文洲．资本资产定价模型的实证研究［J］．经济研究，2000（4）：26 – 34.

［12］陈雯，陈鸣，施嘉明，鲁婷．劳动成本、进口替代与出口企业创新行为［J］．国际贸易问题，2019（7）：19 – 32.

［13］陈霞，马连福，丁振松．国企分类治理、政府控制和高管薪酬激励［J］．管理评论，2017，29（3）：147 – 156.

［14］陈言，李欣泽．行业人力资本、资源错配与产出损失［J］．山东大学学报（哲学社会科学版），2018（4）：146－155.

［15］程晨，王萌萌．企业劳动成本与全要素生产率——"倒逼"机制的考察［J］．南开经济研究，2016（3）：118－132.

［16］程虹．管理提升了企业劳动生产率吗？来自中国企业—劳动力匹配调查的经验证据［J］．管理世界，2018，34（2）：80－92＋187.

［17］池国华，王志，杨金．EVA考核提升了企业价值吗［J］．会计研究，2011（11）：60－66.

［18］代谦，别朝霞．FDI、人力资本积累与经济增长［J］．经济研究，2006（4）：15－27.

［19］邓新明，熊会兵，李剑峰，侯俊东，吴锦峰．政治关联、国际化战略与企业价值［J］．南开管理评论，2014，17（1）：26－43.

［20］邓学芬，黄功勋，张学英，周继春．企业人力资本与企业绩效关系的实证研究——以高新技术企业为例［J］．宏观经济研究，2012（1）：73－79.

［21］丁一兵，刘紫薇．中国人力资本的全球流动与企业"走出去"微观绩效［J］．中国工业经济，2020（3）：119－136.

［22］董新兴，刘坤．劳动力成本上升对企业创新行为的影响［J］．山东大学学报，2016（4）：112－121.

［23］杜伟，杨志江，夏国平．人力资本推动经济增长的作用机制研究［J］．中国软科学，2014（8）：173－183.

［24］方军雄．高管权力与企业薪酬变动的非对称性［J］．经济研究，2011a（4）：107－120.

［25］方军雄．劳动收入比重，真的一致下降吗？［J］．管理世界，2011b（7）：31－41.

［26］高素英，赵曙明，田立法．人力资本、创新战略与企业绩效关系研究［J］．山西财经大学学报，2011，33（8）：76－83.

［27］高莺，田秋丽．人力资本溢出、技术进步与收入分配：城乡区域对比的视角［J］．统计与决策，2013（10）：99－102.

［28］高远东，花拥军．人力资本空间效应与区域经济增长［J］．地理研究，2012，31（4）：711－719.

［29］耿晔强，白力芳．人力资本结构高级化、研发强度与制造业全球价值链升级［J］．世界经济研究，2019（8）：88－102＋136.

[30] 巩娜, 刘清源. CEO 还是 TMT——民营上市公司高管薪酬差距对与企业研发的影响 [J]. 南方经济, 2015 (1): 85 - 102.

[31] 郭东杰, 魏熙晔. 人力资本、收入分配与经济发展 [J]. 中国人口科学, 2020 (2): 97 - 110 + 128.

[32] 郭弘卿, 郑育书, 林美凤. 会计师事务所人力资本与薪资对其经营绩效之影响 [J]. 会计研究, 2011 (9): 80 - 88 + 97.

[33] 郭继强. 人力资本投资的结构分析 [J]. 经济学 (季刊), 2005, 4 (3): 689 - 706.

[34] 郝盼盼, 张信东, 贺亚楠. 高管改革开放经历与创新决策——基于风险承担和职业路径的双重调节效应 [J]. 南方经济, 2020 (7): 108 - 120.

[35] 郝盼盼, 张信东, 贺亚楠. 晋升越快越好吗——CEO 早年晋升经历与企业创新投资 [J]. 当代财经, 2018 (12): 71 - 82.

[36] 何孝星, 叶展, 陈颖, 林建山. 并购基金是否创造价值 [J]. 审计与经济研究, 2016 (5): 50 - 60.

[37] 侯成琪, 吴桐, 李昊. 中国分行业和总体工资粘性 [J]. 统计研究, 2018, 35 (7): 77 - 90.

[38] 胡鞍钢, 熊义志. 大国兴衰与人力资本变迁 [J]. 教育研究, 2003 (4): 11 - 16.

[39] 胡鞍钢. 从人口大国到人力资本大国: 1980—2000 年 [J]. 中国人口科学, 2002 (5): 3 - 12.

[40] 胡世明. 论人力资本保全 [J]. 会计研究, 1995 (8): 9 - 16.

[41] 胡秀群. 地区市场化进程下的高管与员工薪酬差距激励效应研究 [J]. 管理学报, 2016, 13 (7): 980 - 988.

[42] 胡永远. 人力资本投资理论研究新进展 [J]. 经济学动态, 2005 (1): 72 - 75.

[43] 华萍. 不同教育水平对全要素生产率增长的影响——来自中国省份的实证研究 [J]. 经济学 (季刊), 2005 (4): 147 - 166.

[44] 黄辉. 高管薪酬的外部不公平、内部差距与企业绩效 [J]. 经济管理, 2012, 499 (7): 81 - 92.

[45] 黄平. 解雇成本、就业与产业转型升级——基于《劳动合同法》和来自中国上市公司的证据 [J]. 南开经济研究, 2012, (3): 79 - 94.

[46] 黄乾, 魏下海. 中国劳动收入比重下降的宏观经济效应——

基于省级面板数据的实证分析 [J]. 财贸经济, 2010 (4): 121 - 127 + 113 + 137.

[47] 黄群慧, 贺俊, 杨超. 人才争夺劣势状态下二线城市人才政策调整研究 [J]. 产业经济评论, 2019 (1): 5 - 16.

[48] 黄燕萍, 刘榆, 吴一群. 中国地区经济增长差异: 基于分级教育的效应 [J]. 经济研究, 2013 (4): 94 - 105.

[49] 纪雯雯, 赖德胜. 人力资本、配置效率及全要素生产率变化 [J]. 经济与管理研究, 2015, 36 (6): 45 - 55.

[50] 贾坤, 申广军. 企业风险与劳动成本占比: 来自中国工业部门的证据 [J]. 经济研究, 2016 (5): 116 - 129.

[51] 江伟, 吴静桦, 胡玉明. 高管—员工薪酬差距与企业创新 [J]. 山西财经大学学报, 2018, 40 (6): 74 - 88.

[52] 蒋灵多, 陆毅. 最低工资标准能否抑制新僵尸企业的形成 [J]. 中国工业经济, 2017 (11): 118 - 136.

[53] 蒋天颖, 王俊江. 智力资本、组织学习与企业创新绩效的关系分析 [J]. 科研管理, 2009, 30 (4): 44 - 50.

[54] 焦斌龙. 人力资本怎样影响收入差距 [J]. 中国人才, 2010 (23): 76 - 77.

[55] 课题组. 电商环境下人力资本投资与区域经济增长 [J]. 中国流通经济, 2020 (8): 58 - 68.

[56] 孔东民, 徐茗丽, 孔高文. 企业内部薪酬差距与创新 [J]. 经济研究, 2017 (10): 144 - 157.

[57] 赖德胜, 纪雯雯. 人力资本配置与创新 [J]. 经济学动态, 2015 (3): 22 - 30.

[58] 黎文靖, 岑永嗣, 胡玉明. 外部薪酬差距激励了高管吗 [J]. 南开管理评论, 2014, 17 (4): 24 - 35.

[59] 李飚, 孟大虎. 如何实现实体经济与虚拟经济之间的就业平衡 [J]. 中国高校社会科学, 2019 (2): 59 - 67 + 158.

[60] 李广众, 叶敏健, 郑颖. 资本结构与员工劳动生产率 [J]. 管理科学学报, 2018, 21 (2): 1 - 15.

[61] 李和金, 李湛. 上海股票市场资本资产定价模型实证检验 [J]. 预测, 2000 (5): 75 - 77 + 68.

[62] 李嘉明, 黎富兵. 企业人力资本与企业绩效的实证分析 [J].

人力资源开发与管理，2004（12）29 – 36.

［63］李静，楠玉. 人才为何流向公共部门——减速期经济稳增长困境及人力资本错配含义［J］. 财贸经济，2019（2）：20 – 33.

［64］李静，楠玉，刘霞辉. 中国经济稳增长难题：人力资本错配及其解决途径［J］. 经济研究，2017，52（3）：18 – 31.

［65］李九斤，王福胜，徐畅. 私募股权投资特征对被投资企业价值的影响［J］. 南开管理评论，2015，18（5）：151 – 160.

［66］李黎明，许珂. 人力资本、社会资本与收入差距——基于中国城市居民收入的分位回归模型分析［J］. 复旦教育论坛，2017，15（1）：83 – 90.

［67］李平，崔喜君，刘建. 中国自主创新中研发资本投入产出绩效分析——兼论人力资本和知识产权保护的影响［J］. 中国社会科学，2007（2）：32 – 42.

［68］李绍龙，龙立荣，贺伟. 高管团队薪酬差异与企业绩效关系研究：行业特征的跨层调节作用［J］. 南开管理评论，2015，15（4）：55 – 65.

［69］李世刚，杨龙见，尹恒. 寻租如何伤害了经济增长？——基于人才误配置视角的［J］. 世界经济文汇，2016（6）：42 – 57.

［70］李世刚，尹恒. 寻租导致的人才误配置的社会成本有多大？［J］. 经济研究，2014（7）：56 – 66.

［71］李晓敏，卢现祥. 企业家才能、人才配置与经济增长［J］. 贵州社会科学，2010（9）：75 – 80.

［72］李勋来，李国平，李福柱. 农村人力资本陷阱：对中国农村的验证与分析［J］. 中国农村观察，2005（5）：17 – 22.

［73］李志冰，杨光艺，冯永昌，景亮. Fama – French 五因子模型在中国股票市场的实证检验［J］. 金融研究，2017，444（6）：191 – 206.

［74］李志红，和金生，祁龙. 科技型中小企业人力资本与创新成效的关系研究［J］. 科学管理研究，2010，28（1）：74 – 78.

［75］梁阜，李树文，耿新. 基于企业生命周期的人力资本最优配置——资源转化的视角［J］. 科研管理，2020，41（4）：239 – 249.

［76］梁上坤. 管理者过度自信、债务约束与成本粘性［J］. 南开管理评论，2015，18（3）：122 – 131.

［77］廖冠民，陈燕. 劳动保护、劳动密集度与经营弹性：基于 2008

年《劳动合同法》的实证检验 [J]. 经济科学, 2014 (2): 91 – 103.

[78] 廖冠民, 沈红波. 国有企业的政策性负担: 动因、后果及治理 [J]. 中国工业经济, 2014 (6): 96 – 108.

[79] 林浚清, 黄祖辉, 孙永祥. 高管团队内薪酬差距、公司业绩和治理结构 [J]. 经济研究, 2003 (4): 31 – 40.

[80] 林伟光. 人力资本积累与经济增长模型分析 [J]. 华南师范大学学报 (社会科学版), 2010 (3): 134 – 139 + 160.

[81] 刘春, 孙亮. 薪酬差距与企业绩效: 来自国企上市公司的经验证据 [J]. 南开管理评论, 2010, 13 (2): 30 – 39.

[82] 刘海英, 赵英才, 张纯洪. 人力资本 "均化" 与中国经济增长质量关系研究 [J]. 管理世界, 2004 (11): 15 – 21.

[83] 刘剑雄. 企业家人力资本与中国私营企业制度选择和创新 [J]. 经济研究, 2008 (6): 107 – 118.

[84] 刘军, 周绍伟. 人力资本承载力与有效人才流动 [J]. 管理世界, 2004 (8): 139 – 140.

[85] 刘善仕, 孙博, 葛淳棉, 王琪. 人力资本社会网络与企业创新——基于在线简历数据的实证研究 [J]. 管理世界, 2017 (7): 88 – 98 + 119 + 188.

[86] 刘伟, 张立元. 经济发展潜能与人力资本质量 [J]. 管理世界, 2020, 36 (1): 8 – 24 + 230.

[87] 刘伟, 张鹏飞, 郭锐欣. 人力资本跨部门流动对经济增长和社会福利的影响 [J]. 经济学 (季刊), 2014 (2): 425 – 442.

[88] 刘媛媛, 刘斌. 劳动保护、成本粘性和企业应对 [J]. 经济研究, 2014 (5): 63 – 76.

[89] 刘智勇, 李海峥, 胡永远, 李陈华. 人力资本结构高级化与经济增长——兼论东中西部地区差距的形成和缩小 [J]. 经济研究, 2018 (3): 50 – 63.

[90] 柳光强, 黄雨婷. 企业所得税对人力资本投资及其异质性的影响 [J]. 地方财政研究, 2018 (2): 79 – 87.

[91] 龙翠红, 洪银兴. 农村人力资本外溢与中国城乡居民收入差距关系的实证分析 [J]. 经济经纬, 2012 (3): 106 – 110.

[92] 鲁海帆. 高管团队企业内部薪酬差距、合作需求与多元化战略 [J]. 管理科学, 2007, 20 (4): 30 – 37.

[93] 鲁虹, 李晓庆, 刑亚楠. 高管团队人力资本与企业成长性关系研究 [J]. 科技管理研究, 2014 (4): 157 - 162.

[94] 陆铭, 陈钊, 万广华. 因患寡, 而患不均——中国的收入差距、投资、教育和增长相互影响 [J]. 经济研究, 2005 (12): 4 - 14 + 101.

[95] 罗楚亮, 刘晓霞. 教育扩张与教育的代际流动性 [J]. 中国社会科学, 2018 (2): 121 - 140 + 207.

[96] 罗宏, 曾永良, 宛玲羽. 薪酬攀比、盈余管理与高管薪酬操纵 [J]. 南开管理评论, 2016, 19 (2): 19 - 31.

[97] 罗华伟, 宋侃, 干胜道. 高管薪酬外部公平性与企业绩效关联性研究——来自中国 A 股上市房地产公司的证据 [J]. 软科学, 2015, 29 (1): 6 - 10.

[98] 罗勇, 王亚, 范祚军. 异质型人力资本、地区专业化与收入差距——基于新经济地理学视角 [J]. 中国工业经济, 2013 (2): 31 - 43.

[99] 罗雨泽, 罗来军, 陈衍泰. 高新技术产业 TFP 由何而定? ——基于微观数据的实证分析 [J]. 管理世界, 2016 (2): 8 - 18.

[100] 马颖, 何清, 李静. 行业间人力资本错配及其对产出的影响 [J]. 中国工业经济, 2018 (11): 5 - 23.

[101] 毛其淋. 人力资本推动中国加工贸易升级了吗? [J]. 经济研究, 2019, 54 (1): 52 - 67.

[102] 蒙英华, 蔡宏波, 黄建忠. 移民网络对中国企业出口绩效的影响研究 [J]. 管理世界, 2015 (10): 54 - 64.

[103] 孟望生, 张扬. 人力资本统计核算方法研究述评 [J]. 统计与决策, 2018, 34 (20): 29 - 35.

[104] 潘怡麟, 朱凯, 陈信元. 决策权配置与公司价值——基于企业集团的经验证据 [J]. 管理世界, 2018, 34 (12): 111 - 119.

[105] 彭国华. 我国地区全要素生产率与人力资本构成 [J]. 中国工业经济, 2007 (2): 52 - 59.

[106] 彭正龙, 何培旭. 创始团队关键人力资本、战略地位优势与创业绩效 [J]. 管理科学, 2014, 27 (3): 24 - 38

[107] 祁怀锦, 邹燕. 高管薪酬外部公平性对代理人行为激励效应的实证研究 [J]. 会计研究, 2014 (3): 26 - 32.

[108] 钱晓烨, 迟巍, 黎波. 人力资本对我国区域创新及经济增长的影响——基于空间计量的实证研究 [J]. 数量经济技术经济研究, 2010,

27 (4)：107 – 121.

［109］钱雪亚．人力资本水平统计估算［J］．统计研究，2012，29 (8)：74 – 82.

［110］邱兆林．行业收入差距扩大的原因分析——基于人力资本异质性的视角［J］．经济体制改革，2015 (2)：21 – 25.

［111］任宇，谢杰．基于培训视角的人力资本投资与企业绩效——中国非上市工业企业层面的截面数据分析［J］．经济经纬，2012 (2)：130 – 134.

［112］阮素梅，杨善林，张莉．公司治理与资本结构对上市公司价值创造能力综合影响的实证研究［J］．中国管理科学，2015，23 (5)：168 – 176.

［113］邵建平，闫娇，任华亮．薪酬分配外部公平性对高学历员工的影响研究［J］．经济体制改革，2008 (2)：78 – 80.

［114］邵宜航，徐菁．高等教育扩张的增长效应：人力资本提升还是信号干扰［J］．财贸经济，2017，38 (11)：5 – 22.

［115］沈坤荣，耿强．外国直接投资、技术外溢与内生经济增长——中国数据的计量检验与实证分析［J］．中国社会科学，2001 (5)：82 – 93 + 206.

［116］沈勇建，梁方志，蒋德权，王亮亮．社会保险征缴机构转换改革、企业养老支出与企业价值［J］．中国工业经济，2020 (2)：155 – 173.

［117］宋家乐，李秀敏．中国人力资本及其分布同经济增长的关系研究［J］．中国软科学，2011 (5)：162 – 168.

［118］孙文杰，沈坤荣．人力资本积累与中国制造业技术创新效率的差异性［J］．中国工业经济，2009 (3)：81 – 91.

［119］谭永生．农村劳动力流动与中国经济增长——基于人力资本角度的实证研究［J］．经济问题探索，2007 (4)：80 – 84.

［120］田存志，容宇恩，刘可．劳动成本粘性与股票收益［J］．金融论坛，2018 (11)：68 – 80.

［121］王弟海，黄亮，李宏毅．健康投资能影响跨国人均产出差距吗？——来自跨国面板数据的经验研究［J］．经济研究，2016，51 (8)：129 – 143.

［122］王健，李佳．人力资本推动产业结构升级：我国二次人口红利获取之解［J］．现代财经，2013 (6)：35 – 78.

[123] 王金营. 浅析人力资本、职业选择与失业风险 [J]. 人口学刊, 2001 (4): 7 - 10.

[124] 王丽霞, 李静. 城市化的人力资本"侵蚀效应"——三个维度的理论逻辑与检验 [J]. 经济学家, 2017 (7): 80 - 86.

[125] 王启超, 王兵, 彭睿. 人才配置与全要素生产率——兼论中国实体经济高质量增长 [J]. 财经研究, 2020, 46 (1): 64 - 78.

[126] 王少国, 潘恩阳. 人力资本积累, 企业创新与中等收入陷阱 [J]. 中国人口资源与环境, 2017, 27 (5): 153 - 160.

[127] 王胜海, 徐经长. 核心高管特征与公司成长性关系研究——基于中国沪深两市上市公司数据的经验研究 [J]. 经济理论与经济管理, 2010 (6): 58 - 65.

[128] 王文静, 刘彤, 李盛基. 人力资本对我国全要素生产率增长作用的空间计量研究 [J]. 经济与管理, 2014, 28 (2): 22 - 28.

[129] 王文静, 王迪. 人力资本外部性对区域经济增长的作用——基于微观和宏观两个尺度的实证研究 [J]. 西安财经学院学报, 2014, 27 (5): 49 - 56.

[130] 王新, 毛慧贞, 李彦霖. 经理人权利、薪酬结构与企业业绩 [J]. 南开管理评论, 2015, 18 (1): 130 - 140.

[131] 王新玉. 包含人力资本的资产定价模型在中国的适用性研究 [D]. 北京: 中央财经大学, 2018.

[132] 王秀婷, 赵玉林. 产业间 R&D 溢出、人力资本与制造业全要素生产率 [J]. 科学学研究, 2020, 38 (2): 227 - 238 + 275.

[133] 卫旭华. 薪酬水平和薪酬差距对企业运营结果影响的元分析 [J]. 心理科学进展, 2016 (7): 1020 - 1031.

[134] 魏汉泽, 许浩然. 职工薪酬分配比例、产权性质与企业价值 [J]. 管理科学, 2016, 29 (1): 123 - 136.

[135] 魏后凯, 王颂吉. 中国"过度去工业化"现象剖析与理论反思 [J]. 中国工业经济, 2019 (1): 5 - 22.

[136] 魏下海, 张建武. 人力资本对全要素生产率增长的门槛效应研究 [J]. 中国人口科学, 2010 (5): 48 - 57 + 111.

[137] 魏下海. 人力资本、空间溢出与省际全要素生产率增长——基于三种空间权重测度的实证检验 [J]. 财经研究, 2010, 36 (12): 94 - 104.

［138］温涛，王小华，董文杰. 金融发展、人力资本投入与缩小城乡收入差距——基于中国西部地区 40 个区县的经验研究 ［J］. 吉林大学社会科学学报，2014，54（2）：27 － 36 + 171 － 172.

［139］温忠麟，张雷，侯杰泰. 中介效应检验程序及其应用 ［J］. 心理学报，2004，36（5）：614 － 620.

［140］文雁兵，陆雪琴. 中国劳动成本占比变动的决定机制分析 ［J］. 经济研究，2018（9）：83 － 98.

［141］吴联生，林景艺，王亚平. 薪酬外部公平性、股权性质与公司业绩 ［J］. 管理世界，2010（3）：117 － 126.

［142］吴淑娥，黄振雷，仲伟周. 人力资本一定会促进创新吗——基于不同人力资本类型的经验证据 ［J］. 山西财经大学学报，2013，35（9）：22 － 30.

［143］吴玉鸣. 工业研发、产学合作与创新绩效的空间面板计量分析 ［J］. 科研管理，2015，36（4）：118 － 127.

［144］夏宁，董艳. 高管薪酬、员工薪酬与公司的成长性 ［J］. 会计研究，2014（9）：89 － 96.

［145］肖文，薛天航. 劳动成本上升、融资约束与企业全要素生产率变动 ［J］. 世界经济，2019（1）：76 － 94.

［146］谢祥家. 西部地区人力资本积累对技术创新能力作用机制研究 ［D］. 昆明：云南大学，2013.

［147］熊冠星，李爱梅，王笑天，蔡晓红，魏子晗. 员工"薪酬感知域差"与离职决策研究 ［J］. 管理评论，2017，29（9）：193 － 204.

［148］徐现祥，李书娟，王贤彬，毕青苗. 中国经济增长目标的选择：以高质量发展终结"崩溃论" ［J］. 世界经济，2018，41（10）：3 － 25.

［149］徐晔，喻家驹. 区域人力资本就业配置与全要素生产率 ［J］. 当代财经，2020（1）：114 － 125.

［150］许和连，亓朋，祝树金. 贸易开放度、人力资本与全要素生产率：基于中国省际面板数据的经验分析 ［J］. 世界经济，2006（12）：3 － 10.

［151］许长青，周丽萍. 教育公平与经济增长的关系研究——基于中国 1978—2014 年数据的经验分析 ［J］. 经济问题探索，2017（10）：28 － 40.

［152］颜鹏飞，王兵. 技术效率、技术进步与生产率增长：基于 DEA 的实证分析 ［J］. 经济研究，2004（12）：55 － 65.

［153］阳立高，龚世豪，王铂，晁自胜. 人力资本、技术进步与制造

业升级 [J]. 中国软科学, 2018 (1): 138 - 148.

[154] 杨德才. 论人力资本二元性对城乡收入差距的影响 [J]. 当代经济研究, 2012 (10): 69 - 74.

[155] 杨建芳, 龚六堂, 张庆华. 人力资本形成及其对经济增长的影响——一个包含教育和健康投入的内生增长模型及其检验 [J]. 管理世界, 2006 (5): 10 - 18 + 34 + 171.

[156] 杨小凯. 企业理论的新发展 [J]. 经济研究, 1994 (7): 60 - 65.

[157] 杨晓明. 大学智力资本与创新绩效关系实证研究 [J]. 科学学与科学技术管理, 2010 (1): 103 - 106.

[158] 姚先国, 曾国华. 劳动力成本对地区劳动生产率的影响研究 [J]. 浙江大学学报 (人文社会科学版), 2012, 42 (5): 135 - 143.

[159] 姚先国, 张海峰. 教育、人力资本与地区经济差异 [J]. 经济研究, 2008 (5): 47 - 57.

[160] 于凌云. 教育投入比与地区经济增长差异 [J]. 经济研究, 2008, 43 (10): 131 - 143.

[161] 余长林. 人力资本投资结构与经济增长——基于包含教育资本、健康资本的内生增长模型理论研究 [J]. 财经研究, 2006 (10): 102 - 112.

[162] 詹雷, 王瑶瑶. 管理层激励, 过度投资与企业价值 [J]. 南开管理评论, 2013, 16 (3): 36 - 46.

[163] 张车伟. 人力资本回报率变化与收入差距: "马太效应" 及其政策含义 [J]. 经济研究, 2006 (12): 59 - 70.

[164] 张国强, 温军, 汤向俊. 中国人力资本、人力资本结构与产业结构升级 [J]. 中国人口资源与环境, 2011, 21 (10): 138 - 146.

[165] 张辉. 建设现代化经济体系的理论与路径初步研究 [J]. 北京大学学报 (哲学社会科学版), 2018, 55 (1): 105 - 116.

[166] 张吉超. 我国劳动收入份额的变动趋势及影响因素分析 [J]. 经济问题探索, 2016 (8): 12 - 18.

[167] 张俊莉. 西部地区产业结构与人力资本结构协同现状及对策研究 [J]. 甘肃社会科学, 2004 (3): 170 - 174 + 98.

[168] 张宽, 黄凌云. 贸易开放、人力资本与自主创新能力 [J]. 财贸经济, 2019, 40 (12): 112 - 127.

[169] 张丽平, 杨兴全. 管理者权力、外部薪酬差距与公司业绩 [J].

财经科学，2013，301（4）：66 - 75.

[170] 张维今，李凯，王淑梅. CEO 权力的调节作用下董事会资本对公司创新的内在机制影响研究 [J]. 管理评论，2018，30（4）：70 - 82.

[171] 张晓磊，谢建国，张二震. 劳动收入份额与进口贸易 [J]. 当代财经，2016（2）：92 - 102.

[172] 张晓雪，周亚，李克强. 中国人力资本总量变动的影响因素分析：教育扩展和人口变动 [J]. 北京师范大学学报（自然科学版），2004（3）：422 - 426.

[173] 张信东，郝盼盼. 企业的研发投入存在城市效应吗？——基于企业家活力视角的解释 [J]. 中国软科学，2017（3）：110 - 122.

[174] 张勇. 人力资本贡献与中国经济增长的可持续性 [J]. 世界经济，2020，43（4）：75 - 99.

[175] 张正堂. 企业内部薪酬差距对组织未来绩效影响的实证研究 [J]. 会计研究，2008（9）：81 - 87.

[176] 赵胜民，闫红蕾，张凯. Fama - French 五因子模型比三因子模型更胜一筹吗 [J]. 南开经济研究，2016（2）：41 - 59.

[177] 赵颖. 中国上市公司高管薪酬的同群效应分析 [J]. 中国工业经济，2016（2）：114 - 129.

[178] 郑国坚，林东杰，林斌. 大股东股权质押、占款与企业价值 [J]. 管理科学报，2014，17（9）：72 - 87.

[179] 周彬，谢佳松. 虚拟经济的发展抑制了实体经济吗？——来自中国上市公司的微观证据 [J]. 财经研究，2018（11）：74 - 89.

[180] 周德禄. 基于人口指标的群体人力资本核算理论与实证 [J]. 中国人口科学，2005（3）：56 - 62 + 96.

[181] 周建，任尚华，金媛媛，李小青. 董事会资本对企业 R&D 支出的影响研究——基于中国沪深两市高科技上市公司的经验证据 [J]. 研究与发展管理，2012（1）：67 - 77.

[182] 周建，金媛媛，袁德利. 董事会人力资本、CEO 权力对企业研发投入的影响研究——基于中国沪深两市高科技上市公司的经验证据 [J]. 科学学与科学技术管理，2013，34（3）：170 - 180.

[183] 周少甫，王伟，董登新. 人力资本与产业结构转化对经济增长的效应分析——来自中国省级面板数据的经验证据 [J]. 数量经济技术经济研究，2013，30（8）：65 - 77 + 123.

[184] 朱承亮，师萍，岳宏志，韩先锋. 人力资本、人力资本结构与区域经济增长效率 [J]. 中国软科学，2011 (2)：110 - 119.

[185] 朱焱，张孟昌. 企业管理团队人力资本、研发投入与企业绩效的实证研究 [J]. 会计研究，2013 (11)：45 - 52 + 96.

[186] 邹薇，代谦. 技术模仿、人力资本积累与经济赶超 [J]. 中国社会科学，2003 (5)：26 - 38 + 205 - 206.

[187] Abarbanell J S, Bushee B J. Fundamental Analysis, Future Earnings, and Stock Prices [J]. Journal of Accounting Research, 1997, 35 (1): 1 - 24.

[188] Abraham C, John S. How Leveraging Human Resource Capital with its Competitive Distinctiveness Enhances the Performance of Commercial and Public Organizations [J]. Human Resource Management, 2005, 44 (4): 391 - 412.

[189] Acemoglu D, Finkelstein A. Input and Technology Choices in Regulated Industries: Evidence from the Health Care Sector [J]. Journal of Political Economy, 2008, 116 (5): 837 - 880.

[190] Adams J S. Inequity in Social Exchange [M]//Berkowitz L (Ed.). Advances in Experimental Social Psychology. New York: Academic Press, 1965: 267 - 289.

[191] Adams J S. Toward an Understanding of Inequity [J]. Journal of Abnormal Psychology, 1963, 67 (5): 422 - 436.

[192] Aghion P, Caroli E, Garcia - Penalosa C. Inequality And Economic Growth: The Perspective of the New Growth Theories [J]. Journal of Economic Literature, 1999, 37 (4): 1615 - 1660.

[193] Aiyar S, Feyrer J. A Contribution to the Empirics of Total Factor Productivity [J]. Dartmouth College Working Paper, 2002.

[194] Alchian A A, Demsetz H. Production, Information Costs, and Economic Organization [J]. The American Economic Review, 1972, 62 (5): 777 - 795.

[195] Alesina A, Harnoss J, Rapoport H. Birthplace Diversity and Economic Prosperity [J]. Journal of Economic Growth, 2016, 21 (2): 101 - 138.

[196] Amason A C, Shrader R C. Newness and Novelty: Relating Top

Management Team Composition to New Venture Performance [J]. Journal of Business Venturing, 2006, 9 (1): 125 – 148.

[197] Andersen T B, Dalgaard. C. Flows of People, Flows of Ideas, and the Inequality of Nations [J]. Journal of Economic Growth, 2011, 16 (1): 1 – 32.

[198] Anderson S W, Lanen W N. Understanding Cost Management: What Can We Learn from the Evidence on "Sticky Costs"? [J]. Social Science Electronic Publishing, 2007. 145 – 149.

[199] Andrew G, John L. Import exposure and human capital adjustment: Evidence from the U. S. [J]. Journal of International Economics, 2016, 100: 50 – 60.

[200] Banerjee R, Roy S S. Human Capital, Technological Progress and Trade: What Explains India's Long Run Growth? [J]. Journal of Asian Economics, 2014 (30): 15 – 31.

[201] Banker R D, Bu D, Mehta M N. Pay gap and Performance in China [J]. A Journal of Accounting Finance and Business Studies, 2016, 52 (3): 501 – 531.

[202] Banker R D, Byzalov D, Chen L. Employment Protection Legislation, Adjustment Costs and Cross County Difference in Cost Behavior [J]. Journal of Accounting and Economics, 2013, 55 (1): 111 – 127.

[203] Banz R W. The Relationship between Return and Market Value of Common Stocks [J]. Journal of Financial Economics, 1981, 9 (1): 3 – 18.

[204] Bapuji H, Neville L. Income Inequality Ignored? An Agenda for Business and Strategic Organization [J]. Strategic Organization, 2015, 13 (3): 233 – 246.

[205] Barczak G, Wilemon D. Team Member Experiences in New Product Development: Views from the Trenches [J]. R&D Management, 2003, 33 (5): 463 – 480.

[206] Barney J B. Firm Resources and Sustained Competitive Advantage [J]. Journal of Management, 1991, 17 (1): 99 – 120.

[207] Barro R J, Lee J W. International Comparisons for Educational Attainment [J]. Journal of Monetary Economics, 1993 (32): 363 – 394.

[208] Baxter M, Jermann U J. The International Diversification Puzzle is

Worse than You Think [J]. American Economic Review, 1997, 87: 170 – 180.

[209] Bayraktar S B. The Stages of Human Capital and Economic Growth: Does the Direction of Causality Matter for the Rich and the Poor [J]. Social Indicators Research, 2016, 127 (1): 243 – 302.

[210] Beaudry P, Doms M, Lewis E. Should the Personal Computer Be Considered a Technological Revolution: Evidence from U. S. Metropolitan Areas [J]. Journal of Political Economy, 2010, 118 (5): 988 – 1036.

[211] Becker B E, Huselid M A, Pickus P S, et al. HR as a Source of Shareholder Value: Research and Recommendations [J]. Human Resource Management, 1997, 36 (1): 39 – 47.

[212] Becker B E, Huselid M A. Strategic Human Resources Management: Where do We Go from Here [J]. Journal of Management, 2006, 32 (6): 898 – 925.

[213] Becker B E, Huselid M A. The Incentive Effects of Tournament Compensation System [J]. Administrative Science Quarterly, 1992 (37): 336 – 350.

[214] Becker G S. Investment in Human Capital: A Theoretical Analysis [J]. The Journal of Political Economy, 1962, 70 (5): 9 – 49.

[215] Belo F, Lin X, Bazdresch S. Labor Hiring, Investment, and Stock Return Predictability in the Cross Section [J]. Journal of Political Economy, 2014, 122 (1): 129 – 177.

[216] Bender S, Bloom N, Card D. et al. Management Practices, Workforce Selection and Productivity [J]. Journal of Labor Economics, 2018, 36 (S1): S371 – S409.

[217] Benhabib J, Spiegel M M. Human Capital and Technology Diffusion [J]. Handbook of Economic Growth, 2005, 1 (5): 935 – 966.

[218] Benhabib J, Spiegel M. The Role of Human Capital in Economic Development: Evidence from Aggregate Cross – Country Data [J]. Journal of Monetary Economics, 1994, 34 (2): 24 – 41.

[219] Bettin G, Bianchi P, Nicolli F, Ramaciotti L, Migration U R. Ethnic Concentration and Firm Entry: Evidence from Italian Regions [J]. Regional Studies, 2019, 53 (1): 55 – 66.

[220] Bhattacharya U, Hsu P H, Tian X, et al. What Affects Innovation More: Policy or Policy Uncertainty? [J]. Journal of Financial and Quantitative Analysis, 2017, 52 (5): 1869 – 1901.

[221] Bils M, Klenow P. Does Schooling Cause Growth? [J]. American Economic Review, 2000, 90 (5): 1160 – 1183.

[222] Bizjak J M, Lemmon M L, Naveen L. Does The Use of Peer Groups Contribute to Higher Pay and Less Efficient Compensation [J]. Journal of Financial Economics, 2008, 90 (2): 152 – 168.

[223] Black F. Capital Market Equilibrium with Restricted Borrowing [J]. Journal of Business, 1972, 45 (3): 444 – 455.

[224] Borensztein E J, De G, Lee J W. How does Foreign Direct Investment Affect Economic Growth [J]. Journal of International Economics, 1998 (45): 115 – 135.

[225] Boyd J H, Jian H U, Jagannathan R. The Stock Market's Reaction to Unemployment News: Why Bad News Is Usually Good for Stocks [J]. Journal of Finance, 2005, 60 (2): 649 – 672.

[226] Bruce C S, Mark Y. Strategic Positioning, Human Capital, and Performance in Service Organizations: a Customer Interaction Approach [J]. Strategic Management Journal, 2004, 25 (1): 85 – 89.

[227] Cádil J, Petkovová L, Blatná D. Human Capital, Economic Structure and Growth [J]. Procedia Economics and Finance, 2014 (12): 85 – 92.

[228] Carnahan S, Agarwal R, Cambell B A. Heterogeneity in Turnover: The Effect of Relative Compensation Dispersion of Firms on the Mobility and Entrepreneurship of Extreme Performers [J]. Strategic Management Journal, 2012, 33 (12): 1411 – 1430.

[229] Carpenter M A, Fredrickson J W. Top Management Teams, Global Strategic Posture, and the Moderating Role of Uncertainty [J]. Academy of Management Journal, 2001, 27 (3): 533 – 545.

[230] Carpenter M A, Sanders W G. The Effects of Top Management Team Pay and Firm Internationalization on MNC Performance [J]. Journal of Management, 2004, 30 (4): 509 – 528.

[231] Caselli F, Coleman W J. The World Technology Frontier [J]. American Economic Review, 2006, 96 (3): 499 – 522.

[232] Chan L K C, Hamao Y, Lakonishok J. Fundamentals and Stock Returns in Japan [J]. Journal of Finance, 1991, 46 (5): 1739 - 1764.

[233] Chen C X, Lu H, Sougiannis T. The Agency Problem, Corporate Governance, and the Asymmetrical Behavior of Selling, General, and Administrative Costs [J]. Contemporary Accounting Research, 2012, 29 (1): 252 - 282.

[234] Chen H L. Board capital, CEO Power and R&D Investment in Electronics Firms [J]. Corporate Governance: An International Review, 2014, 22 (5): 422 - 436.

[235] Chesbrough H. Managing Open Innovation [J]. Research Technology Management, 2004, 47 (47): 23 - 26.

[236] Connellye B L, Laszlo T, Russell C T, et al. Tournament Theory: Thirty Years of Contests and Competitions [J]. Journal of Management, 2014, 40 (1): 16 - 47.

[237] Core J E, Holthausen R W, Larcker D F. Corporate Governance, Chief Executive Officer Compensation and Firm Performance [J]. Journal of Financial Economics, 1999, 51 (3): 371 - 406.

[238] Crook T R, Todd S Y, Combs J G, et al. Does Human Capital Matter? A Meta - Analysis of the Relationship Between Human Capital and Firm Performance [J]. Journal of Applied Psychology, 2011, 96 (3): 443 - 456.

[239] Cushing R, Florida R, Gates G. When Social Capital Stifles Innovation [J]. Harvard Business Review, 2002, 80 (8): 20 - 20.

[240] Dakhli M, De - Clercq D. Human Capital, Social Capital, and Innovation: A Multi-country Study [J]. Entrepreneurship and Regional Development, 2004, 16 (2): 107 - 128.

[241] Danthine J, Donaldson J B. Labor Relations and Asset Returns [J]. Review of Economic Studies. 2002, 69 (1): 41 - 64.

[242] De la Fuent A, Domenech R. Human Capital in Growth Regressions: How Much Difference Does Data Quality Make? [J]. Journal of the European Economic Association, 2006, 4 (1): 1 - 36.

[243] Decarolis D M, Deeds D L. The Impact of Stocks and Flows of Organizational Knowledge on Firm Performance: An Empirical Investigation of the Biotechnology Industry [J]. Strategic Management Journal, 1999, 20 (10):

953 – 968.

[244] Deconinck J B, Stilwell C D. Incorporating Organizational Justice, Role States, Pay Satisfaction and Supervisor Satisfaction in a Model of Turnover Intentions [J]. Journal of Business Research, 2004, 57 (3): 225 – 231.

[245] Dickinson D. The Carrot vs Stick in Work Team Motivation [J]. Experimental Economics, 2001 (4): 107 – 124.

[246] Dixit A, Grossman G. Trade and Production with Multistage Production [J]. Review of Economic Studies, 1982, 49: 583 – 594.

[247] Donangelo A, Gourio F, Kehrig M, Palacios M. The Cross Section of Labor Leverage and Equity Returns [J]. Journal of Financial Economics, 2019, 132 (5): 497 – 518.

[248] Donangelo A. Labor Mobility: Implications for Asset Pricing [J]. Journal of Finance, 2014, 69 (3): 1321 – 1346.

[249] Driskill R, Andrew W. H. Fabio M. Hierarchical Human Capital and Economic Growth: Theory and Evidence [J]. Journal of Institutional and Theoretical Economics, 2009 (4): 723 – 743.

[250] Ebeke C, Omgba L D, Laajaj R. Oil, Governance and the (mis) Allocation of Talent in Developing Countries [J]. Journal of Development Economics, 2015 (114): 126 – 141.

[251] Edmonds E V, Pavcnik N, Topalova P. Trade Adjustment and Human Capital Investments: Evidence from Indian Tariff Reform [J]. American Economic Journal Applied Economics, 2007, 2 (4): 42 – 75.

[252] Edvisson L, Malone M S. Intellectual Capital: Realizing Your Company's True Value by Finding Its Hidden Brainpower [M]. New York: Harper Business, 1997.

[253] Ehrenberg R G, Bognanno M L. Do Tournaments have Incentive Effects? [J]. Journal of Political Economy, 1990, 98 (6): 1307 – 1324.

[254] Eichengreen B, Park D, Shin K. When Fast Growing Economies Slow Down: International Evidence and Implications for China [J]. Asian Economic Papers, 2012, 11 (1): 42 – 87.

[255] Eiling E. Industry – Specific Human Capital, Idiosyncratic Risk and the Cross-section of Expected Stock Returns [J]. The Journal of Finance, 2013, 68 (1): 43 – 84.

[256] Eisfeldt A L, Papanikolaou D. Organization Capital and the Cross – Section of Expected Returns [J]. Journal of Finance, 2013, 68 (4): 1365 – 1406.

[257] Fama E F, French K R. A Five-factor Asset Pricing Model [J]. Journal of Financial Economics, 2015a, 116 (1): 1 – 22.

[258] Fama E F, French K R. Common Risk Factors in the Returns on Stocks and Bonds [J]. Journal of Financial Economics, 1993, 33 (1): 3 – 56.

[259] Fama E F, French K R. The Cross-section of Expected Stock Returns [J]. Journal of Finance, 1992, 47 (2): 427 – 465.

[260] Fama E R, MacBeth J D. Risk, Return and Equilibrium: Empirical Tests [J]. Journal of Political Economy, 1973 (81): 607 – 636.

[261] Faulkender M, Yang J. Insider the Black Box: the Role and Composition of Compensation Peer Groups [J]. Journal of Financial Economics, 2010, 96 (2): 257 – 270.

[262] Favilukis J, Lin X. Does Wage Rigidity Make Firms Riskier? Evidence from Long – Horizon Return Predictability [J]. Journal of Monetary Economics, 2016b, 78: 80 – 95.

[263] Favilukis J, Lin X. Wage Rigidity: A Quantitative Solution to Several Asset Pricing Puzzles [J]. The Review of Financial Studies, 2016a, 62: 1 – 45.

[264] Festinger L A. A Theory of Social Comparison Processes [J]. Human Relations, 1954, 7 (2): 117 – 140.

[265] Fleisher B, Li H, Zhao M Q. Human Capital, Economic Growth, and Regional Inequality in China [J]. Journal of Development Economics, 2010, 92 (2): 215 – 231.

[266] Francis B, Hasan I, Mani S, et al. Relative Peer Quality and Firm Performance [J]. Journal of Financial Economics, 2016, 122 (7): 196 – 219.

[267] Gachter S, Fehr E. Fairness in The Labour Market: A Survey of Experimental Results. Social Science Electronic Publishing, 2002.

[268] Galor O, Zeira J. Income Distribution and Macroeconomics [J]. Review of Economic Studies, 1993, 60: 35 – 52.

[269] Gennaioli N, La P R, Lopez S F. Human Capital and Regional Development [J]. The Quarterly Journal of Economics, 2013, 128 (1): 105 –

164.

[270] Gibbons M R, Ross S A, Shanken J. A Test of the Efficiency of a Given Portfolio [J]. Econometrica, 1989, 57 (5): 1121-1152.

[271] Gourio F. Labor Leverage, Firms Heterogeneous Sensitivities to the Business Cycle, and the Cross' Section of Expected Returns [C]. Meeting Paper, 2007, 43 (1): 29-58.

[272] Greenberg J. Creating Unfairness by Mandating Fair Procedures: The Hidden Hazards of a Pay For Performance Plan [J]. Human Resource Management Review, 2003, 13 (1): 41-57.

[273] Grossman G M, Helpman E. Innovation and Growth in the Global Economy [M]. Cambridge, Mass: MIT Press, 1991.

[274] Groves T, Hong H, Mcmillan J, et al. Autonomy and Incentives in Chinese State Enterprises [J]. Quarterly Journal of Economics, 1994, 109 (1): 183-209.

[275] Gulen H, Ion M. Policy Uncertainty and corporate investment [J]. The Review of Financial Studies, 2016, 29 (3): 523-564.

[276] He J, Tian X. Finance and Corporate Innovation: A Survey [J]. Asia-Pacific Journal of Financial Studies, 2018, 47 (2): 165-212.

[277] Hicks J R. The Theory of Wages [M]. London: Macmillan, 1932.

[278] Hunt J, Loiselle M G. How Much Does Immigration Boost Innovation [J]. American Economic Journal: Macroeconomics, 2010, 2 (2): 31-56.

[279] Ichniowski C, Shaw K. Beyond Incentive Pay: Insiders' Estimates of the Value of Complementary Human Resource Management Practices [J]. The Journal of Economic Perspectives, 2003, 17 (1): 155-180.

[280] Islam N. Growth Empirics: A Panel Data Approach [J]. Quarterly Journal of Economics, 1995, 110 (4): 1127-1170.

[281] Jagannathan R, Wang Z. The Conditional CAPM and the Cross-Section of Expected Returns [J]. Journal of Finance, 1996, 51 (1): 3-53.

[282] Jorgenson D W, Fraumeni B M. Investment in Education and U. S. Economic Growth [J]. Scandinavian Journal of Economics, 1992a (94): 51-70.

[283] Jorgenson D W, Fraumeni B M. The Accumulation of Human and

Non – Human Capital, 1948 – 1984 [M]. University of Chicago Press, NBER, 1989.

[284] Jorgenson D W, Fraumeni B M. The Output of the Education Sector [M]. The Output of the Service Sector, Chicago, NBER, 1992b: 303 – 341.

[285] Julliard, C. Labor Income Risk and Asset Returns [J]. Working paper, London School of Economics, 2004.

[286] Kale J R, Reis E, Venkateswaran A. Rank-order Tournaments and Incentive Alignment: The Effect on Firm Performance [J]. Journal of Finance, 2009, 64 (3): 1479 – 1512.

[287] Kendrick J W. The Formation and Stocks of Total Capital [M]. New York: Columbia University Press, 1976.

[288] Kim T, Leung K. Forming and Reacting to Overall Fairness: A Cross – Culture Comparison [J]. Organizational Behavior and Human Decision Processes, 2007, 104 (1): 83 – 95.

[289] Kleinknecht A. Is Labour Market Flexibility Harmful to Innovation? [J]. Cambridge Journal of Economics, 1998, 22 (3): 387 – 396.

[290] Knight D, Pearce C L, Smith K G. Top Management Team Diversity, Group Process and Strategic Consensus [J]. Strategic Management Journal, 1999, 11 (5): 445 – 465.

[291] Kor Y Y, Mahoney J T. How Dynamics, Management and Governance of Resource Deployments Influence Firm-level Performance [J]. Strategic Management Journal, 2005, 26 (5): 489 – 496.

[292] Korniotis G, Kumar M A. State Level Business Cycles and Local Return Predictability [J]. The Journal of Finance, 2013, 68 (3): 1037 – 1096.

[293] Krueger, eds. Growth Theories in Light of the East Asian Experience [M]. Chicago: University of Chicago Press, 1995.

[294] Keiichi K, Jagannathan R, Takehara H. Relationship Between Labor-Income Risk and Average Return: Empirical Evidence from the Japanese Stock Market [J]. Journal of Business, 1998 (71): 319 – 347.

[295] Kuehn L A, Simutin M, Wang J J. A Labour Capital Asset Pricing Model [J]. The Journal of Finance, 2017, 72 (10): 2131 – 2178.

[296] Lakonishok J, Shleifer A, Vinshny R. Contrarian Investment, Ex-

trapolation and Risk [J]. Journal of Finance, 1994, 49 (5): 1541 – 1578.

[297] Lallemand T, Plasman R, Rycx R. Intra – Firm Wage Dispersion and Firm Performance: Evidence From Linked Employer – Employee Data [J]. International Review for Social Sciences, 2004, 57 (4): 533 – 558.

[298] Lazear E, Rosen S. Rank Order Tournaments as Optimum Labor Contracts [J]. Journal of Political Economy, 1981 (9): 841 – 864.

[299] Leana C R, Meuris J. Living to Work and Working to Live: Income as a Driver of Organizational Behavior [J]. The Academy of Management Annals, 2015, 9 (1): 55 – 95.

[300] Lettau M, Ludvigson S. Resurrecting the (C) CAPM: A Cross – Sectional Test When Risk Premia Are Time – Varying [J]. Journal of Political Economy, 2001, 109 (6): 1238 – 1287.

[301] Lewellen J, Nagel S. The Conditional CAPM Does Not Explain Asset – Pricing Anomalies [J]. The Journal of Finance Economics, 2006, 82 (2): 289 – 314.

[302] Li E X, Palomino F. Nominal Rigidities, Asset Returns, and Monetary Policy [J]. Journal of Monetary Economics, 2014, 66: 210 – 225.

[303] Li H, Liu P W, Zhang J. Estimating Returns to Education Using Twins in Urban China [J]. Journal of Development Economics, 2012, 97 (2): 494 – 504.

[304] Lien Y C, Li S. Does Diversification Add Firm Value in Emerging Economies? Effect of Corporate Governance [J]. Journal of Business Research, 2013, 66 (12): 2425 – 2430.

[305] Lin C L, Chen Y S. Human Capital and Operating Performance [J]. Chiao Da Management Review, 2009, 29 (2): 83 – 130.

[306] Lin C, Chang C C. The Effect of Technological Diversification on Organizational Performance: An Empirical Study of S&P 500 Manufacturing Firms [J]. Technological Forecasting and Social Change, 2015 (90): 575 – 586.

[307] Lin C, Officer M S, Zou H. Directors' and officers' Liability Insurance and Acquisition Outcomes [J]. Journal of Financial Economics, 2011, 102 (3): 507 – 525.

[308] Lintner J. The Valuation of Risk Asset and the Selection of Risky

Investments in Stock Portfolios and Capital Budgets [J]. Review of Economics and Statistics, 1965, 47 (1): 13 – 37.

[309] Lochstoer L, Bhamra H S. Return Predictability and Labor Market Frictions in a Real Business Cycle Model [J]. SSRN Electronic Journal, 2009.

[310] Lucas R E. On the Mechanics of Economic Development [J]. Journal of Monetary Economics, 1988, 22 (1): 3 – 42.

[311] Lustig H, Nieuwerburgh S V. The Returns on Human Capital: Good News on Wall Street is Bad News on Main Street [J]. Review of Financial Studies, 2008 (21): 2097 – 2137.

[312] Major B, Forcey B. Social Comparisons and Pay Evaluations: Preferences for Same – Sex and Same – Job Wage Comparisons [J]. Journal of Experimental Social Psychology, 1985, 21 (4): 393 – 405.

[313] Mankiw N G, Romer D H, Weil D N. A Contribution to the Empirics of Economic Growth [J]. Quarterly Journal of Economics, 1992, 107 (2): 407 – 437.

[314] Martin B C, Mcnally J J, Kay M J. Examining the Formation of Human Capital in Entrepreneurship: A Meta-analysis of Entrepreneurship Education Outcomes [J]. Journal of Business Venturing, 2013, 28 (2): 211 – 224.

[315] Martins P S. Worker Churning and Firms' Wage Policies [J]. International Journal of Manpower, 2008, 29 (1): 48 – 63.

[316] Mason G, O'Leary B, Vecchi M. Certified and Uncertified Skills and Productivity Growth Performance: Cross-country Evidence at Industry Level [J]. Labour Economics, 2012, 9 (3): 351 – 360.

[317] Matthieu G. Asset Prices and Wealth Inequality [J]. Society for Economic Dynamics, Meeting Papers, N1155, 2017.

[318] Mayers D. Nonmarketable Assets and Capital Market Equilibrium Under Uncertainty [M]//Studies in the Theory of Capital Markets. New York: Praeger, 1972.

[319] McCall B P. Occupational Matching: A Test of Sorts [J]. Journal of Political Economy, 1990, 98 (1): 45 – 69.

[320] Merz M, Yashiv E. Labor and the Market Value of the Firm [J]. American Economic Review, 2007, 97 (4): 1419 – 1431.

[321] Messersmith J G, Guthrie J P, Ji Y Y. Executive Turnover: The Influence of Dispersion and other Pay System Characteristics [J]. The Journal of Applied Psychology, 2011, 96 (3): 457 – 469.

[322] Miller S, Upadhyay M. The Effect of Openness, Trade Orientation and Human Capital on Total Factor Productivity [J]. Journal of Development economics, 2000 (63): 399 – 423.

[323] Mincer J. Investment in Human Capital and Personal Income Distribution [J]. Journal of Political Economy, 1958 (66): 281 – 302.

[324] Mincer J. Schooling, Experiences and Earnings [M]. New York: Columbia University Press, 1974.

[325] Mossin J. Equilibrium in a Capital Asset Market [J]. Econometrica, 1966, 349 (4): 768 – 783.

[326] Murata K. Education Policies, Human Capital Accumulation, and Economic Growth [J]. Inter-national Journal of Economic Policy Studies, 2017, 12 (1): 96 – 106.

[327] Murphy K M, Shleifer A, Vishny R W. The Allocation of Talent: Implications for Growth [J]. The Quarterly Journal of Economics, 1991, 106 (2): 503 – 530.

[328] Nile W H, Jeffrey H D. Human Capital and Learning as a Source of Sustainable Competitive Advantage [J]. Strategic Management Journal, 2004, (3): 1155 – 1178.

[329] Oliver M M. Population Aging and Economic Growth in the United States and Japan [D]. Dissertations and Theses – Gradworks, The University of Rexas at San Antonio, 2015.

[330] Ottaviano G I P, Peri G, Wright G C. Immigration, Trade and Productivity in Services: Evidence from U. K. Firms [J]. Journal of International Economics, 2018 (112): 88 – 108.

[331] Palacios M. Human Capital as an Asset Class Implications from a General Equilibrium Model [J]. The Review of Financial Studies, 2015, 28 (4): 978 – 1023.

[332] Palia D, Qi Y, Wu Y. The Empirical Importance of Background Risks [C]. Working Paper, Rutgers Business School, 2007.

[333] Park J. Dispersing of Human Capital and Economic Growth [J].

Journal of Macroeconomics, 2006, 28 (3): 520 - 539.

[334] Paserman M D. Do High-skill Immigrants Raise Productivity: Evidence from Israeli Manufacturing Firms, 1990 - 1999 [J]. IZA Journal of Migration, 2013, 2 (6): 1 - 31.

[335] Peri G. The Effect of Immigration on Productivity: Evidence from U. S. States [J]. Review of Economics and Statistics, 2012, 94 (1): 348 - 358.

[336] Pillai R, Williams S, Justin T J. Are the Scales Tipped in Favor of Procedural or Distributive Justice? An Investigation of the U. S. , India, Germany, and Hong Kong (China) [J]. International Journal of Conflict Management, 2001, 12 (4): 312 - 332.

[337] Pratt R. A Structural Model of Human Capital and Leverage [C]. Brigham Young University, Working Paper, 2016.

[338] Pritchett L. Where Has all the Education Gone [J]. World Bank Economic Review, 2001, 15 (3).

[339] Ramos R, Surinach J, Artís M. Regional Economic Growth and Human Capital: The Role of Over-education [J]. Regional Studies, 2012, 46 (10): 1389 - 1400.

[340] Rauch J E, Trindade V. Ethnic Chinese Networks in International Trade [J]. Review of Economics and Statistics, 2002, 84 (1): 116 - 130.

[341] Ridge J W, Aime F, White M A. When Much More of a Difference Makes a Difference: Social Comparison and Tournaments in the CEO's Top Team [J]. Strategic Management Journal, 2015, 36 (4): 618 - 636.

[342] Ridge J W, Hill A D, Aime F. Implications of Multiple Concurrent Pay Comparisons for Top Team Turnover [J]. Journal of Management, 2014, 43 (3): 671 - 690.

[343] Roll R A. Critique of the Asset Pricing Theory's Tests Part I: On Past and Potential Testability of the Theory [J]. Journal of Financial Economics, 1977, 4 (2): 129 - 176.

[344] Romer P M. Endogenous Technological Change [J]. Journal of Political Economy, 1990, 98 (5): 71 - 102.

[345] Samuelson P A. Altruism as a Problem Involving Group Versus Individual Selection in Economics and Biology [J]. The American Economic Re-

view, 1993, 83 (2): 143 – 148.

[346] Santos T, Pietro V. Labor Income and Predictable Stock Returns [J]. The Review of Financial Studies, 2006 (19): 1 – 44.

[347] Schneider L, Gnther J, Brandenburg B. Innovation and Skills from a Sectoral Perspective: a Linked Employer – Employee Analysis [J]. Economics of Innovation & New Technology, 2010, 19 (2): 185 – 202.

[348] Schultz T W. Capital Formation by Education [J]. Journal of Political Economy, 1960, 68 (6): 571 – 583.

[349] Schultz T. Investment in Human Capital [J]. American Economic Review, 1961, 51 (1): 1 – 17.

[350] Sharp W F. Capital Asset Prices: A Theory of Market Equilibrium Under Conditions of Risk [J]. Journal of Finance, 1964, 19 (3): 425 – 442.

[351] Siegel P A, Hambeick D C. Pay Disparities Within Top Management Groups: Evidence of Harmful Effects on Performance of High Technology Firms [J]. Organization Science, 2005, 16 (3): 259 – 274.

[352] Sim N C S. International Production Sharing and Economic Development: Moving Up the Value Chain for a Small Open Economy [J]. Applied Economics Letters, 2004, 11: 885 – 889.

[353] Söderbom M, Teal F. Openness and Human Capital as sources of Productivity Growth: An Empirical Investigation [J]. Department for International Development of the UK Government, 2003, 1 – 35.

[354] Squicciarini M P, Voigtländer N. Human Capital and Industrialization: Evidence from the Age of Enlightenment [J]. The Quarterly Journal of Economics, 2015, 130 (4): 1825 – 1883.

[355] Stambaugh R F. On the Exclusion of Assets from Tests of the Two – Parameter Model: A Sensitivity Analysis [J]. Journal of Political Economy, 1982, 10 (3): 237 – 268.

[356] Statman D. Book Values and Stock Returns, The Chicago MBA: A Journal of Selected Papers, 1980 (4): 25 – 45.

[357] Subramaniam M, Youndt M A. The Influence of Intellectual Capital on the Types of Innovative Capabilities [J]. Academy of Management Journal, 2005, 48 (3): 450 – 463.

[358] Subramony M, Krause N, Norton J, et al. The Relationship between Human Resource Investments and Organizational Performance: A Firm – Level Examination of Equilibrium Theory [J]. Journal of Applied Psychology, 2008, 93 (4): 778 – 788.

[359] Syverson C. What Determines Productivity [J]. Journal of Economic Literature, 2011, 49 (2): 326 – 365.

[360] Taylor R N. Age and Experience as Determinants of Managerial Information Processing and Decision Making Performance [J]. The Academy of Management Journal, 1975, 5 (1): 74 – 81.

[361] Teixeira A A C, Queirós A S S. Economic Growth, Human Capital and Structural Change: A Dynamic Panel Data Analysis [J]. Research Policy, 2016, 45 (8): 1636 – 1648.

[362] Temple J. A Positive Effect of Human Capital on Growth [J]. Economics Letters, 1999 (65): 131 – 134.

[363] Toda A A, Walsh K J. The Equity Premium and the One Percent [C]. Working Paper, 2016.

[364] Trow M. Problems in the Transition from Elite to Mass Higher Education [M]. Paris: Organisation for Economic Cooperation and Development, 1973.

[365] Tuzel S, Zhang M B. Local Risk, Local Factors, and Asset Prices [J]. The Journal of Finance, 2017, 72 (1): 325 – 369.

[366] Ucbasaran D, Westhead P, Wright M. Opportunity Identification and Pursuit: Does an Entrepreneur's Human Capital Matter? [J]. Small Business Economics, 2008, 30 (2): 153 – 173.

[367] Uhlig H. Explaining Asset Prices with External Habits and Wage Rigidities in a DSGE Model [J]. American Economic Review, 2007, 97 (2): 239 – 243.

[368] Unger J M, Rauch A, Frese M, Rosenbusch N. Human Capital and Entrepreneurial Success: A Meta Analytical Review [J]. Journal of Business Venturing, 2011, 26 (3): 341 – 358.

[369] Vandenbussche J, Aghion P, Meghir C. Growth, Distance to Frontier and Composition of Human Capital [J]. Journal of Economic Growth, 2006, 11 (2): 127 – 154.

[370] Wade J B, O'Reilly C A, Pollock T G. Overpaid CEOs and Underpaid Managers: Fairness and Executive compensation [J]. Organization Science, 2006, 17 (5): 527 – 544.

[371] Wernerfelt B. A Resource-based View of the Firm [J]. Strategic Management Journal, 1984, 5 (2): 171 – 180.

[372] Williams M L, Michael M, NHUNG N. Meta – Analysis of the Antecedents and Consequences of Pay Level Satisfaction [J]. Journal of Applied Psychology, 2006, 91 (2), 392 – 413.

[373] Wincent J, Anokhin S, Örtqvist D. Does network board capital matter? A study of innovative performance in strategic SME networks [J]. Journal of Business Research, 2010, 63 (3): 265 – 275.

[374] World Bank. Expanding the Measure of Wealth: Indicators of Environmentally Sustainable Development [J]. Environmentally Sustainable Development Studies and Monographs Series, Washington, DC, 1997, 20 (3): 325 – 326.

[375] Youndt M A, Snell S A. Human Resource Configurations, Intellectual Capital, and Organizational Performance [J]. Journal of Managerial Issues, 2004, 16 (3): 337 – 360.

[376] Young A T, Levy D, Higgins M J. Many Types of Human Capital and Many Roles in U. S. Growth: Evidence from County – Level Educational Attainment Data [R]. Repec Working Paper, 2004.

[377] Zhang W B. National Education and Global Economic Growth: A Synthesis of the Uzaw – Lucas Two – Sector and the Oniki – Uzawa Trade Models [J]. Journal of Knowledge Economy, 2015 (6): 905 – 928.